CHISTES Y ANDANZAS DE PEPITO

León Manzo Chismoso

CHISTES Y ANDANZAS DE PEPITO

colección
MANUAL PRACTICO

LIBRO-MEX EDITORES, S. de R.L.
ARGENTINA No. 23
MEXICO 1, D.F.

© LIBRO-MEX EDITORES, S. de R.L.
Miembro de la Cámara Nacional
de la Industria Editorial. Reg. No. 326

4a. edición marzo de 1984

La presentación y composición tipográficas
son propiedad de los editores.

ISBN 968-7064-60-9
Impreso en México
Printed in Mexico

Distribuidor exclusivo en VENEZUELA:
VEN-LEE Distribuidora de Ediciones
Av. Fuerzas Armadas con Av. Panteón, Esq.
San Miguel. Edificio RODIMER piso 6.

Distribuidor exclusivo en ESPAÑA:
EDIMUSA, S. A.
Ausias March 130,
Tienda Derecha
Barcelona 13.

AL COMPRENSIVO LECTOR

Dios, con su bondad infinita, ha concedido a los hombres, entre tantos y tantos regalos y gracias emanados de su generosidad, varios y valiosos dones, como son la disposición especial o habilidad para hacer una cosa, el conjunto de prendas con que atrae la voluntad de las amistades con quienes trata, acrecentando su personalidad y que se llama "el don de gentes"; la aptitud que para ejercer un cargo tiene por su poder, firmeza y prestigio, tal como "el don de mando", etcétera.

Con estos dones tan admirables, el ser humano se desenvuelve en la vida, sobresaliendo en ella aquellos a quienes el Supremo Facedor otorgó, además, el don de la Risa, para solaz y regalo de su existencia y de las gentes que le rodean. Porque, aunque se dice y se asegura que la Risa es divina concesión exclusiva del hombre, no a todos los humanos favoreció con tal gracia, de la cual, como hemos comprobado a través de nuestras experiencias y sinsabores en esta nuestra ajetreada existencia, carecen muchos caseros, cobradores, porteras, líderes y empleados públicos. Y no está bien incluir a las suegras porque toda suegra es Madre y, por lo tanto, tan dulce nombre debe respetarse y resplandecer como lo que es: como Reina de la Creación. (Atronadores aplausos y copioso derrame lacrimógeno de las madres políticas que me leen. ¡Gracias, gracias, bondadosas señoras!).

La Risa es salud espiritual. Ya sólo apuntando en los labios levemente, en forma de sencilla sonrisa, embellece el rostro, ilumina la mirada, alegra el corazón, abate tristezas, vence obstáculos, desvanece las sombras y es como una tarjeta de visita que abre puertas y crea firmes e imperecederas amistades.

En esta era de indiferencia y desquiciamiento en la que nos ha tocado vivir, tal parece que la alegría y su consecuente compañera, la Risa, han desaparecido de la faz de los hombres, y así vemos por doquier esos rostros melancólicos, esos semblantes de palo, esa falta de expresión en el espejo donde debe reflejarse el alma.

¡Sursum corda! Así como los Heraldos de la Fe esparcieron por todos los ámbitos la religión de Paz y de Amor entre los hombres, yo, como nuevo Cruzado de la Alegría —y perdóneseme la irreverencia—, he recopilado en este libro 444½ anécdotas, cuentos y sucedidos, oídos y vividos en mi vida, cuyos casos y cosas son dignos de ser contados y referidos para solaz y esparcimiento de todos los lectores.

Tal vez entre éstos haya algunos que, gazmoños y mojigatos, se intimiden y espeluznen al leer su contenido, pero no recuerdo si fui yo u otro sabio quien dijo aquello de:

> "En este mundo traidor
> nada es verdad ni es mentira;
> todo es según el color
> del cristal con que se mira".

y así el lector, comprensivo y consciente, deberá tomar en cuenta lo que se dice, cuenta y relata en este libro, cuya finalidad es esparcir a manos llenas alegría y regocijo entre todos ustedes. Reír no cuesta nada y vale mucho.

Y yo, que sólo me propongo llevar contento y júbilo a los corazones, en este solemne momento de rubricar la presentación de mi humilde obra, no puedo menos que enjugar con mi albo pañuelo la eclosión de dos lágrimas furtivas.

PEPITO

1.—EL DERECHO... Y TAMBIEN EL IZQUIERDO

Algunos domingos, Pepito, que es muy buen católico, asiste en calidad de acólito a la iglesia de Santa Pudenciana, que se halla precisamente frente a su casa.

Como el padre cura es un viejo señor de ideas ya un poco arcaicas y conservadoras, intransigente con esta moderna generación irresponsable y un tanto irrespetuosa, encarga a Pepito que se sitúe en la puerta de la iglesia, prohibiendo la entrada en la Casa de Dios de cualquier mujer que se presente vestida, mejor dicho, "desvestida" con uno de esos modelos tan escandalosos que parecen hacer la competencia al vestido de nuestra madre Eva.

En eso se presenta una estupenda mujer con su falda sistema bikini, su blusa sin mangas y un escote por el que parece pugnar por salirse el par de blancas y redondas palomas de sus senos.

—Perdone, señorita —le dice Pepito, poniendo su mano ante ella como señal de interceptarle el paso—. Tengo orden del padre cura de no permitir la entrada a esta santa casa a toda persona que no venga decorosamente vestida, y usted, por lo que veo... Y sin terminar la frase, el acólito se pasa la lengua por los labios, como relamiéndose.

—¿Por qué se me prohíbe injustamente la entrada? —exclama la requete estupendísima joven, indignada—. ¡Esto es inconcebible! ¡Yo tengo el derecho divino...!

—¡Y el izquierdo también! —añade Pepito, cayéndosele la baba.

2.—DEMANDA DE DIVORCIO

—¿Dónde va usted tan sofocada y corriendo? —le pregunta Pepito a doña Petra, su vecina, al verla salir de la casa, más roja que un jitomate y a todo galope.

—¡Voy a ver a mi abogado para que me consiga el divorcio inmediatamente! Anoche el bruto de mi marido llegó cuando yo estaba dormida y trató de ahorcarme. ¡Y lo hubiera logrado si mi amigo no hubiera despertado justo a tiempo para impedírselo!

3.—PEOR QUE CHUPARSE EL DEDO

Con sus tiernos seis añitos, Pepito ya era entonces lo que se dice un metiche. Siempre andaba de aquí para allá, escondiéndose detrás de las cortinas para escuchar conversaciones de sus papás y de las visitas de la casa o atisbando por el ojo de la cerradura para observar qué cosas hacían quienes estaban encerrados en el aposento.

Cierto día en que su mamá había salido de compras, tuvo el malsano deseo de ponerse a espiar el cuarto de Rufina, la criada, donde su papá acababa de meterse con el mayor sigilo apenas hacía unos momentos.

Así estuvo durante unos minutos con un ojo pegado al de la cerradura, y qué cosa vería el niño, que se alejó del lugar de los hechos, murmurando enojadísimo:

—Cuando salga mi papá, entraré en el cuarto de Rufina para darle una buena reprimenda. ¡Y pensar que ella siempre me está riñendo porque yo me chupo el dedo!

4.—"SE ENSEÑA EL CORTE"

—¿Te acuerdas, Gilberto, de Juliana, aquella condiscípula nuestra que su mamá era modista?

—Ya lo creo que me acuerdo. Era una jovencita muy linda y muy vergonzosa, que siempre se ruborizaba cuando le contábamos un cuento colorado o le hacíamos proposiciones que ella decía que eran deshonestas y nos amenazaba con acusarnos ante la profesora. ¿Qué se ha hecho de esa muchacha?

—Ahora ya es toda una mujer. Ayer la vi asomada al balcón de su casa, donde había un cartel que decía: "Profesora Juliana de Lacalle. Por cincuenta pesos enseña el corte".

5.—TODO A SU DEBIDO TIEMPO

En cierta ocasión, uno de esos extravagantes tipos millonarios que no saben qué hacer con su dinero (como nos ocurre a usted y a mí), encargó a un famoso pintor le hiciera dos cuadros, para adornar su regio despacho, pero con la condición de que ambos deberían guardar igual relación el uno con el otro.

Tres meses más tarde, el artista llegó a la casa del potentado, donde por cierto también se hallaba Pepito solicitando una dádiva para el Hospital de los Niños Desamparados, e hizo entrega al señor de sus obras de arte. Uno de los cuadros representaba una alberca, junto a la cual veíase a una mujer ahogada; en el otro, aparecía una jovencita en cuyo vientre destacábase notablemente la curva de la maternidad.

—El colorido de ambos cuadros me gusta —dijo el millonario contemplándolos—; pero no llego a captar la relación que ambos pueden tener entre sí: una mujer ahogada junto a un estanque y una muchacha en vísperas de ser madre.

—La relación entre estas dos magníficas obras de arte es bien clara y patente, señor —se atreve a intervenir Pepito—. Yo creo que, para mejor comprensión, habría de ponerse entre ellas un mismo lema.

—¿Y qué lema correspondería poner? —interroga el señor.

—El siguiente: "Por no haberla sacado a tiempo".

6.—LA PAUSA QUE REFRESCA

—Oye, Pepito; ayer me preguntó una amiguita, mayor que yo, si sabía en qué se parece una Coca Cola a un bidet, y no supe qué contestarle —decíale a nuestro amiguito su prima Mercedes.

—Pues... en que es la pausa que refresca.

7.—¿TAN POCO VALE PEPITO?

—¡Yo no quiero que me acompañe la criada al colegio! —decía Pepito a su mamá, gritando y pataleando.

—¿Y eso por qué, hijito? —le pregunta su madre.
—Porque me quiere vender a un señor.
—¿Qué tonterías estás diciendo?
—Es la puritita verdad, mamacita. Ayer por la tarde, cuando regresaba de la escuela acompañado por la chacha, un señor se acercó a ella y estuvieron platicando en secreto hasta llegar a la casa.

—Seguramente se trataría de su novio, Pepito.
—Yo no sé si era su novio, pero oí que, al despedirse, le dijo: "Anda, no seas mensa. Tengo dinero para parte de lo que me pidas. ¿Cuánto quieres por el chiquito?".

8.—OJO CON LA PRONUNCIACION

En una fiesta que Leonor, prima de Pepito, da en su casa, éste veía una estupenda joven que le llama la atención por sus formas... en agasajar a los invitados del sexo masculino.

—¿Quién es esa mujer tan... atenta? —le pregunta.

—Una íntima amiga, quien apenas hace tres meses se quedó viuda y desconsolada.

—Veo que coquetea con todos los hombres, primita. ¿Por qué no me la presentas?

—Encantada. Mira, aquí se acerca a nosotros... "Querida amiga, tengo la satisfacción de presentarte a mi primo Pepito..." Esta es mi gran amiga, la señora Spota.

Y Pepito se inclina reverente ante ella, diciendo:

—¿La señora Spota?... Mucho gosto en conocerla.

9.—CON RELLENO ES MUCHO MEJOR

La mamá de Pepito da instrucciones a la nueva criada, indicándole que todo cuanto encuentre en el suelo de la casa, lo ponga sobre su tocador, no fuera cosa de que, no considerando de valor alguno lo que hallara, fuera a echarlo a la basura.

Esa misma mañana, haciendo el aseo de la recámara de sus patronos, la criada ve en el suelo una cosa larga de hule y, cumpliendo las órdenes recibidas, la coloca sobre el tocador, poniendo cara de extrañeza al ver aquello.

En ese momento entra Pepito y al ver ese "objeto" allí encima, reprende a la muchacha:

—¿Cómo se te ha ocurrido poner ese con...dominio sobre el tocador de mi mamá?

—La señora me dijo que tódo lo que encontrara en el suelo, lo pusiera sobre ese mueble.

—¿Pero tan mensa eres que no sabes lo que es "eso"?

—Pos creo que sí.

—Entonces...

—Yo he visto en mi pueblo algunas cosas de esas que tienen los muchachos, aunque bien rellenas, y ellos no se las despellejan.

10.—SOLTERONA EQUIVOCADA

—¿Y tú dices, Pepito, que cuando seas mayor no piensas casarte? —le pregunta a éste su tía Elvira, solterona empedernida.

—He decidido no casarme nunca en la vida.

—Pues si todos los hombres pensaran como tú, no tardaría en acabarse el mundo.

—¡Que te crees tú eso, tía Elvira!

11.—LA COLA ES MAS ABAJO

Pepito invita a su novia al cine y se dispone a formar en la cola para sacar los boletos de entrada, colocándose detrás de un joven que es el último de las personas que forman.

Para cerciorarse de que ocupa el correcto lugar, le da una palmada en la espalda, preguntándole:

—¿Es ésta la cola?

El interrogado se voltea y con una voz afeminada y una caída de ojos insinuante, contesta:

—¡Aaayyy! No es ésta, simpatiquísimo doncel; la cola de entrada está más abajo.

12.—EL MES DE MARIA

Visitando a su prima María de la Asunción, Pepito la encuentra leyendo un libro piadoso, ya que ella es muy católica.

Tras los afectuosos saludos de rigor, nuestro amiguito se da cuenta de que en el regazo de su falda, donde apoya el libro, se ven unas manchitas rojas.

—¿Qué es eso? —le pregunta.

Y la muchacha, creyendo que se refiere al título del libro que lee, responde:

—Este es el mes... de María.

13.—HAY QUE PORTARSE BIEN

—Mira, Pepito; si te portas bien, permitiré que duermas con mamá, cuando mañana salga de viaje a Querétaro por asuntos de mi negocio —le dice al niño su padre.

—Sí, me portaré bien como don Nicanor, nuestro vecino, que también duerme con mamá cuando tú te marchas de gira.

14.—CUIDADO CON LOS BESITOS

—Anda, Pepito, despídete de mi hermana, tu tía Pilar, y dale un besito —le dice a éste su mamá.

—¡No quiero besarla! El otro día papá la quiso besar y ella le dio una bofetada que le puso la cara como un tomate.

15.—MAÑANA SERA OTRO DIA

Pepito resbala en el piso encerado y se golpea la cabeza contra una pata de la mesa, y aunque el niño es estoico y valiente, escapan de sus ojos unas lágrimas de dolor.

—No llores, hijito; mañana ya no te dolerá —le dice su madre, tratando de consolarle.

—Entonces, mañana tampoco lloraré —responde Pepito.

16.—PODIA HABERSE ENTERADO

Lupita le dice a su hermano:

—No me habías contado que el otro día te castigaron en la escuela.

—¡Si hubieses estado en mi pellejo, lo hubieras sabido! —contesta rápido Pepito.

17.—¿QUIEN ES EL QUE GRITA?

La portera pregunta a Pepito:
—¿Quién es el que da esos gritos tan espantosos en tu casa?
—Tal vez sea papá que trate de separar al gato y al perro que se están peleando, o bien debe ser mamá que está estudiando su lección de canto.

18.—¿PARA QUE LA DUCHA?

En un encuentro futbolístico, Gilberto, amigo de Pepito, le pregunta a éste:
—¿Por qué no te has dado una ducha antes del partido?
—Es que hoy voy a jugar sucio.

19.—HAY QUE SABER DISTINGUIR

Al salir del cine, Pepito le pregunta a su novia:
—¿Sabes cuál es la diferencia entre un taxi y un camión?
—No, mi muñeco.
—Pues entonces vamos a tomar el camión para regresar a casa.

20.—CAMBIO DE NOMBRE

Paseando Pepito por el puerto de Veracruz, en compañía de su prima Leonor, ven a un hombre fornido al que le falta el brazo derecho.
—¿Te has fijado en ese individuo? —le pregunta Pepito.

—Sí. ¡Vaya un tipo de hombre! —exclama la muchacha.

—Apenas hace dos años, se le consideraba como el mejor y más arrojado pescador de tiburones en todo el Golfo. Llevando tan sólo un arpón en la mano, arremetía contra el escualo y cuando éste abría la boca para devorarlo, se lo clavaba hasta el fondo con toda su fuerza. Las gentes le decían "El Temerario".

—¿Le decían? ¿Pues cómo le dicen ahora?

—"El Manco".

21.—PROFESOR TIMORATO

—¿Qué tal has salido de los exámenes de fin de curso, Pepito?

—Estupendamente, papá. Y por cierto que el profesor que me examinó, se ve que era un hombre muy religioso.

—¿Religioso? ¿Por qué?

—Cada vez que me preguntaba y yo daba la contestación, el buen señor levantaba sus brazos y su mirada al cielo y exclamaba con una dulzura y resignación propias de un santo: ¡Ay, Dios mío! ¡Ay, Dios mío!

22.—CUESTION DE PRESENTACION

—Cuidado, niño; no te acerques a ese perro porque te puede morder!

—Si yo no me meto con él; no le hago nada. ¿Por qué ha de morderme?

—Porque no te conoce.

—Entonces dígale que me llamo Pepito y que soy el niño más bueno que hay en la tierra.

23.—CAMBIO DE DOCTOR

—Si tu mamá pregunta por mí, dile que voy a ver al doctor —dice la criada.

—¿Pues qué te pasa, Rufina?

—¡Ay, Pepito! De veras que me siento muy mal. Sufro del hígado y del estómago y, sin embargo, como más que una leona, bebo como una yegua, trabajo como una mula y duermo como una marmota.

—Pues en vista de todo esto, yo te aconsejo que en vez de ir a ver al médico, vayas a casa del veterinario.

24.—GORDURA NATURAL

—¿Por qué esa señora tiene esa barriga tan grande, mamá?

—Es que la pobre tiene hidropesía, Pepito.

—¿Hidropesía? ¿Y qué es eso?

—El vientre lleno de agua.

—Entonces tendrán que sacarle el niño, no sea que se le vaya ahogar.

25.—TENIA RAZON EL NIÑO

Pepito se encuentra con una señora, ya metida en años, y confundiéndola con una de las amigas de su mamá, se acerca a ella para saludarla y le dice:

—Me alegro en verdad, doña Susanita. ¿Cómo está usted?

La mujer lo mira detenidamente y al notar que el chico se pone todo colorado al darse cuenta de su equivocación, le dice cariñosamente.

—Sin duda me has confundido, guapo. Yo no me llamo Susana; yo soy Casta.

—Pues si usted es Casta a su edad, no sabe lo que se ha perdido, señorita.

26.—RESPUESTA CORRECTA

—Dime, Pepito; ¿qué es una selva virgen? —le pregunta el maestro.
—Selva virgen es aquella en donde nunca ha entrado un hombre —contesta.

27.—DEFINICION DEL MATRIMONIO

Los papás de Pepito platican:
El matrimonio es una institución —dice la madre.
El matrimonio es amor —rectifica el padre. Y añade: El amor es ciego.
—Entonces el matrimonio es una institución para ciegos —alega Pepito.

28.—DE VIDA Y DE MUERTE

—Hemos de reconocer que los automóviles y los aviones han cambiado la manera de vivir de las gentes —dice Gilberto.
—Y la de morir —arguye Pepito.

29.—¿Y QUE TAL ANTES?

Aunque él se las da de bueno, Pepito es un niño de lo que se dice la miel del diablo. Se pelea con sus amiguitos, le tira de las trenzas a su hermanita, y a veces, a veces, le saca la lengua a su mamá cuando ésta le reprende por sus travesuras. Su buen padre, cansado de recibir tantas quejas de su vástago, le amonesta severamente.
—¡Eres incorregible! ¡Una verdadera calamidad, hijo mío! Desde que viniste al mundo, no has sido capaz de darme ningún placer, ninguna satisfacción!
—¿Pero qué tal antes de que yo viniera al mundo, papá? —contesta Pepito.

30.—JUSTIFICACION

—¡Yo no quiero ir más al colegio! —decía Pepito a su mamá.
—¿Por qué, hijo mío?
—Porque ayer la profesora le pegó a un niño y todos los demás se reían de él.
—¿Y qué hacías tú?
—Llorar.
—¿Por qué, Pepito?
—Porque me dolía.

31.—COMO MUCHOS MATRIMONIOS

Pepito y su hermanita Lupita están jugando a los matrimonios. De pronto, la niña dice:
—Ahora yo soy tu mujer, tomo mi muñeca, voy donde tú estás tomando el desayuno y te digo: "¡Mira qué hermosa es nuestra hija!"
—Y yo —contesta Pepito— te respondo: "¡No me molestes, mujer, que estoy leyendo el periódico!"

32.—ASI LOS PERDONARIA

Disertando la profesora acerca de la bondad de las gentes, le pregunta a Pepito:
—¿Perdonarías a aquellos que te insultaran y te golpearan?
—Sí, señorita. Con toda humildad los perdonaría... si fueran mayores que yo.

33.—GALANTERIA

Decíale Pepito a una vieja solterona:
—¡Qué hermosa es usted, señorita!

—¡Qué galante eres, niño! Me dices que soy hermosa y, como puedes ver, tengo muchas arrugas en mi cara.

—¿Arrugas en su linda cara? ¡No! Eso son sonrisas que usted tiene en la piel.

34.—BUENA OPERARIA

—Mi profesora de piano es una virtuosa de la música —decíale Gilberto a Pepito—. Todo el día, en sus horas libres, está tocando la introducción de las más famosas óperas: Rigoletto, Hernani, Norma...

—Te creo, Gilberto, porque el otro día oí a mi papá decirle a un amigo que tu profesora era una verdadera maestra en introducciones.

35.—IDEA LUMINOSA

—Estoy muy preocupado —decía Pepito a su amigo Gilberto—. Acabo de recibir una carta de mi prima Leonor pidiéndome cincuenta pesos prestados y aunque quisiera dárselos, te juro que no los tengo.

—Escríbele diciéndole que no has recibido la carta —le aconseja Gilberto.

—¡Pues tienes razón! ¡Qué ideas tan luminosas tienes!

36.—NO HAY QUE SER FLOJOS

Pepito ayuda a Rufina, la criada, a devanar una madeja de lana para hacerse un suéter, pero el chico que es muy torpe en estos menesteres femeninos, a veces junta las manos y la madeja se cae al suelo haciéndose en ella mil enredos.

—¡Tu torpeza, Pepito, me enoja —dice Rufina enojada—; mientras la tengas tan floja no podemos hacer nada!

37.–POESIA INFANTIL

En el zoológico de Chapultepec, Pepito ve por primera vez un pavo real y le dice a su madre:
—¡Mira, mamá, mira! ¡Una gallina con flores!

38.–MALOS PENSAMIENTOS

—¿En qué piensas, Pepito? —le pregunta a éste su novia.
—¿En qué quieres que piense, muñequita? En lo mismo que tú estás pensando —le contesta.
—¡Uf, qué cochino eres!

39.–PARIDAD DE EDADES

—¿Cuántos años tienes, Pepito —le pregunta la profesora.
—Los mismos que mi madre, señorita —contesta el niño.
—¡Eso no puede ser!
—Pues sí lo es, porque el mismo día que yo fui su hijo, ella fue mi madre.

40.–INFORMACION CALLEJERA

—Perdone, señor, ¿podría decirme dónde está el Zócalo? —pregunta Pepito a un transeúnte.
—Eso cualquier burro lo sabe.
—Por eso se lo pregunto a usted.

41.–ENOJO INJUSTIFICADO

Una joven y agraciada señora está de visita en la casa de Pepito, cuando repentinamente le da un terrible acceso de tos.

—Es que estoy muy acatarrada —dice para justificarse.

—¿Y usted no esputa? —le pregunta Pepito.

—¡Mocoso desvergonzado! ¿Y cómo sabes tú eso?

42.—ALERTA LOS NIÑOS GOLOSOS

—Oye, Pepito, ¿por qué a la Venus de Milo le cortaron los brazos? —le pregunta a éste su hermanita Lupita.

—Por meter las manos en el azucarero —le responde.

43.—DIOS NOS CONSERVE LA VISTA

—Esta mañana, cuando fui a oír misa, había en la puerta de la iglesia un pobre hombre que pedía limosna con voz plañidera:

—Tenga usted lástima de este pobre ciego cargado de familia...

—Y tú, Pepito, naturalmente, le hiciste una caridad —le dice su mamá—. Así me gusta que seas, caritativo con los menesterosos.

—Sólo cumplí una de las obras de misericordia, pero me atreví a preguntarle cuántos hijos tenía.

—¿Y qué te contestó?

"La verdad, no lo sé. ¡Cómo no veo!..."

44.—SABIA RESPUESTA

—¿Por qué no te subes a ese manzano a coger manzanas? Ahora no hay nadie por aquí que pueda verte —le dice a Pepito un amigote.

—Pero me veo yo; y yo no quiero reprocharme nada que esté mal hecho —fue la sabia respuesta de nuestro amiguito.

45.—TERRIBLE ASESINATO

Sin decir ni menos consultar nada a sus padres, Pepito se persona en el consultorio del doctor Cillo, amigo de la casa, y le explica:

—Yo no sé lo que me pasa, señor, que desde hace unos días cuando apago la luz y me dispongo a dormir, siento a mi alrededor un aleteo continuo, como si un águila volara sobre mi cabeza.

—Tal vez se trate de un fantasma —le dice el doctor sonriendo.

—No doctor; yo no creo en ellos porque soy un niño cristiano y eso de los fantasmas sólo puede existir en mentes retrasadas e ignorantes —arguye Pepito muy serio.

Viendo que el niño le habla con toda sensatez, el doctor le dice:

—Bueno, seguramente eso que sientes se deba a los malditos nervios que en ocasiones alteran el pensamiento. Por cierto que ahora pienso que el mes próximo se acercan los exámenes y con toda seguridad a eso se deba tu nerviosismo. Mira, Pepito, te voy a recetar unas pastillas que te harán dormir tranquilo y ya verás como no vas a sentir más aleteos sobre tu cabeza.

Tres días más tarde, Pepito se presenta de nuevo ante el doctor para decirle que, a pesar de haberse tomado las pastillas que le recetó, ha estado sintiendo el aleteo, hasta caerse rendido por el sueño. Y como el galeno supone que el niño está pasando por un periodo de psicosis, le aconseja:

—Lo que debes hacer, pues, es lo siguiente: Esta noche, al acostarte, te pones debajo de la almohada tu pistola de dardos y cuando apagues la luz y sientas el aleteo, dispara sin contemplaciones a ese molesto avechucho.

Pero fue extraordinaria la sorpresa del doctor Cillo cuando, a la mañana siguiente leyó en la primera página del periódico: "Perverso niño que asesina al Angel de su Guarda".

46.—EN LA ESCUELA

La profesora amonesta a Pepito:

—¡Me siento avergonzada de ti! Cuando yo tenía tu edad, sabía leer y escribir tan bien como lo hago ahora.

—Seguramente tendría usted una profesora mejor —le contesta.

47.—QUE SIGA EL MODO

—¿Dónde está la criada? —pregunta a Pepito su papá.

—Hace ya un rato que se metió en el cuarto de baño.

—¡Necesito verla!

—Entonces, papá, mira por el ojo de la cerradura, como hago yo.

48.—LOS NIÑOS DE HOY EN DIA

En la clase de educación sexual, la profesora diserta sobre el peligro de que los niños se procuren a solas el placer, y dice:

—Quien de vosotros haya cometido tal pecado, que levante el dedo.

Toda la clase se levanta en pie... menos Pepito.

—¿No les da vergüenza hacer tal cosa? ¡Tomen ejemplo de Pepito, que es un niño decente y juicioso! —grita la profesora—. ¿Es verdad que nunca has incurrido en eso?

—No, señorita —contesta el niño—. Yo ya tengo una amante.

49.—CHISTE NO PUBLICABLE

50.—¡POBRE ABUELITA!

—¡Pero qué cosa tan absurda es esa! ¿Cómo es posible, Pepito, que te emperres en querer casarte con tu abuelita? ¡Nada menos que con mi madre.

—¿Y qué tiene eso de malo, papá? ¿Acaso tú no te casaste con mi mamacita?

51.—EFECTO DE LA TARTAMUDEZ

Gilberto el mejor amigo de Pepito, platica con éste:

—Hay casos incomprensibles. Hace tres años la esposa de don Nemesio, el lechero, tuvo dos hijos de golpe. El año pasado le nacieron tres, y ayer por la noche echó cuatro que, según he oído decir, aquello parecía la salida de un colegio. No me explico a qué pueda deberse este fenomenal caso.

—Debes de tener en cuenta que don Nemesio cada año está más tartamudo.

52.—¿QUE ES EL AMOR?

Pepito trata de conquistar a su amiguita Inés y arrodillado a sus pies, como nuevo don Juan Tenorio, le pregunta:

—¿Sabes lo que es el amor?

—El amor es un niño —le contesta ruborosa la niña.

—Entonces deja que te haga el amor.

53.—PRIORIDAD

—Mamá, dile a Lupito que no tire del rabo al gato.
- ¿Por qué, Pepito?
—Porque a mí me corresponde hacerlo primero.

54.—NIÑA INSATISFECHA

—Nuestro amigo René —decíale Pepito a su cuatacho Gilberto— quiso hacérmelas de buenas con la hija de don Pascual, el abarrotero de la esquina, presentándome como que yo era un chico muy formal y muy estudioso y además era tan inocente que tenía cosas de niño.
—¿Y ella qué le contestó?
—Que si yo tenía "cosas de niño" no le convenía.

55.—GOLPIZA JUSTIFICADA

—¡Qué escándalo hubo esta mañana en el edificio! ¡Tal parecía un patio de vecindad! —decíale furiosa la mamá de Pepito a su esposo, al regresar éste del trabajo.
—¿Pues qué pasó?
—Casi nada. Que el vecino del tercero le dio una soberana paliza a su mujer, por el simple hecho de que encontró unos calzoncillos debajo de la cama.
—En efecto, mamá, unos calzoncillos —interviene Pepito—, pero es que dentro de ellos estaba el lechero.

56.—¿POR ARRIBA O POR ABAJO?

Rufina, la criada de la casa, le dice a Pepito:
—Me siento muy malita, niño. Me voy a morir sin remedio.
—¿Qué te pasa?
—Tengo aquí en el estómago una cosa que lo mismo me sube que me baja. Y cuando me baja un poco, luego se me vuelve a subir. Y cuando me sube, después me baja. Y al bajarme...
—Eso no es nada grave —le interrumpe Pepito—. Lo que tú tienes es un viento loco.
—¿Qué me dices?

—Lo que oyes. Ese viento se da cuenta de que tienes una cara tan fea, que no sabe si salirse por la boca o por abajo.

57.—EL REFRESCO ROTO

Lupita le da dos pesos a su hermano Pepito para que compre dos refrescos, uno para cada quien, y al regresar éste a la casa sólo lleva una botella. Y le dice apenado a su hermanita:
—Te vas a quedar sin poder tomar refresco, Lupita, porque cuando regresaba de la tienda me caí y fue a rompérseme precisamente el tuyo.

58.—¿ACASO NO ES CIERTO?

Debo decirle a usted, doña Eulogia, que no es la única mujer que duerme con su esposo —dice Pepito a la señora.
—¡Qué desvergüenza es ésta! —le grita doña Eulogia.
—Ninguna desvergüenza. Mi mamá, que es también mujer, duerme con el suyo, que es mi papá.

59.—TANTEADA

Pepito le pregunta a su amigo René:
—Si seis bueyes van en fila, uno tras de otro, ¿cuál de ellos podría decir al voltearse: "Veo cinco bueyes?"
—El que va delante de todos.
—Pues ninguno de ellos podría decir tal cosa, porque los bueyes no hablan.

60.—¿QUE HACE EL CHAMACO?

Una mujer, con unas chiches como sandías, amamanta a su hijito y Pepito le pregunta:

—Perdóneme, señora. ¿Qué es lo que hace el nene? ¿Mama o sopla?

61.—EL MAYOR MONSTRUO: LOS CELOS

Pepito le dice a la criada:
—¿Sabes, Rufina? Esta mañana he sorprendido a mi papá dándole un beso a la cocinera.
—¡Eso no es posible! —exclama la gata enfurecida. Pero de pronto reacciona, se tranquiliza y añade—: No me lo creo, Pepito. Eso me lo dices tú para que me den celos.

62.—FALSO CIEGUITO

A la salida de la escuela Pepito ve a una estupenda muchacha que viene en sentido contrario a él y haciéndose el cieguito hace como que resbala y va a agarrarse a la parte superior delantera de la joven.
—¿Es que no ves, baboso? —exclama.
—Soy un pobre cieguito, señorita.
—¡Pues tiente!
—Eso es lo que estoy haciendo.

63.—MEDICO ABUSIVO

—¿Es verdad lo que me han dicho, que Dorita, tu hermana mayor, ha reñido con su novio, aquel joven médico tan simpático? —le decía a Pepito una vecina.
—En efecto, ha roto su compromiso. Y ahora, el muy abusado, pretende cobrarle nada menos que cien pesos por cada visita que le ha hecho a mi hermana.

64.—EXACTA DEFINICION

—¿Tú sabes qué es eso que llaman obstetricia? —le pregunta a Pepito una amiguita.

—Ya lo creo Obstetricia es el arte de sacar los niños con equidad y el mayor aseo.

65.—¡VAYA PRECIOSURA!

Gilberto va por la calle acompañando a una niña desgarbada y más fea que Picio. Pepito se encuentra con ellos y acercándose a su amigo le pregunta aparte, en voz baja:
—¿Quién es ese adefesio?
—Mi prima Lourdes.
—¡Qué fea es!
—¿Y qué le vamos a hacer?
—Además, es bizca.
—De nacimiento.
—Y cojea.
—Se le nota cuando camina.
—¡Vaya joroba que tiene!
—¡Ni modo!
—También es pelona.
—Se le ve a la legua; pero no es menester que me hables tan bajito. ¡Además es sorda!

66.—VERDADERO SIGNIFICADO

—¿Quién es ese señor que acabas de saludar, papá?
—¡Oh! Es nada menos que don Restituto Furciales, un gran filántropo.
—¿Y qué quiere decir filántropo?
—Filántropo, Pepito, es una palabra derivada del griego que se compone de filo, que significa amante, y antropo, o sea hombre. Así, pues, filántropo equivale a amante de los hombres.
—Pues mira lo que son las cosas, papá; en el colegio a esa clase de personas les decimos jotos.

67.—A GUSTO DEL CONSUMIDOR

—¡Puaf! ¿Qué porquería es ésta? ¡Me traes la taza de café llena de municiones, Romana!
—Señorito Pepito, recuerde que usted me pidió que se lo trajera "cargadito".

68.—RETRATO AL FRESCO

La señorita Goya, joven pintora y ya famosa por sus magníficos retratos al óleo, invita a Pepito a su estudio para retratarle. Después de los saludos de rigor, nuestro amiguito comienza a desnudarse tranquilamente.
—¿Por qué te quitas la ropa? ¡Vas a quedarte en traje de Adán! —le reconviene la artista al ver que Pepito, después de haberse despojado de su camiseta, se dispone a quitarse los calzones.
—Es que quiero que usted me haga un retrato al fresco —contesta.

69.—PEPITO GEOGRAFO

En una fiesta de gente distinguida, a la que Pepito ha sido también invitado con sus papás, el niño fija su atención en una exuberante señora de cuyo escote sobresalen dos opulentos "hemisferios". Al darse cuenta la dama de que el chamaco no hace más que pasearse ante ella tratando de penetrar en sus profundidades, le pregunta sonriente:
—¿Qué miras con tanta insistencia, niño?
A lo que Pepito responde suspirando:
—Hago trabajos profundos; he visto ya los dos mundos y estoy buscando el "plus ultra".

70.—LECTURAS PELIGROSAS

—Antes leías en mis ojos todos mis deseos, Pepito.
—Sí, pero el doctor me ha prohibido las lecturas peligrosas, amiguita mía.

71.—COMO DEBE PONERSE UN TELEGRAMA

Gilberto, uno de los mejores amigos de Pepito, sale de vacaciones a Acapulco y encarga a éste el cuidado de su gato, al que quiere como si fuera su hermanito, ya que teme dejarlo en su casa con la criada, que es muy distraída y seguramente se olvidaría de darle sus alimentos, y menos con su mamá, pues la pobre está muy delicada y no está para esos trabajos.

Días después en que Gilberto, tras de su confortador baño en las tranquilas aguas de la Perla del Pacífico, se dispone a tomar su desayuno, recibe un telegrama que dice: "Tu gato muerto".

¡Qué disgusto tan terrible el de Gilberto al leer tan infausta noticia! "Mininete", su amado gatito, su fiel compañero de juegos, tan bueno y cariñoso, al que el niño quería como si fuera de la familia, acababa de morir, según el telegrama recibido de su amigo Pepito, y a esas horas ya se hallaba en el cielo... en el cielo de los gatos, naturalmente.

Suspendiendo sus vacaciones, con el corazón dolorido y sus ojos arrasados en lágrimas, Gilberto regresó a México y corrió a la casa de su amigo para confirmar y enterarse de los detalles de la muerte de "Mininete".

—El caso fue —le explica Pepito— que el gato se subió a la azotea, seguramente para buscar una novia, resbaló y ¡pácatelas!, se cayó a la calle y se estrelló en la banqueta, sin poder decir siquiera "miau".

—Pues has de saber, amigo, que tu telegrama por poco me cuesta la vida, tal fue el dolor que me causó tan inesperado desenlace —le dice Gilberto—. "Tu gato muerto", así a secas, fue una noticia terribilísima. Primero debías haberme enviado un telegrama diciendo: "Mininete" enfermo; más tarde otro que dijera: "Mininete en la azotea" y, finalmente, otro que ya anunciara: "Tu gato muerto". De este modo yo hubiera recibido la noticia de su muerte como si dijéramos a plazos, y ya preparado por los dos telegramas anteriores, el desenlace final no me habría tomado tan de sorpresa.

Así quedaron las cosas; pero dos semanas más tarde, Gilberto, ya un poco consolado de su dolor, regresó de nuevo a Acapulco, encargando a su amigo el cuidado de su mamá quien, como hemos dicho, estaba bastante delicada. Y dos días más tarde, recibió de Pepito el siguiente telegrama: "Tu mamá en la azotea".

72.—CUENTOS INOCENTES

Los papás de Pepito tienen que asistir al velorio de un vecino y encargan a la criada que cuide del niño en caso de que tenga miedo de estar solo, ya que ellos no regresarán hasta las tres de la madrugada.

A la mañana siguiente, su mamá se apresura a preguntarle si tuvo miedo de sentirse solito y Pepito dice:

—No he pasado nada de miedo, mamacita. Después que Rufina me sirvió la cena, pasamos un rato muy distraído, mientras yo le contaba cuentos antes de dormir. ¡Y vieras cómo nos reíamos! Con decirte que uno de mis cuentos le hizo tanta gracia ¡que hasta nos caíamos de la cama!

73.—¡SEGURO QUE SI!

Decía la mamá de Pepito:
—No me explico cómo la señora Romualdez es tan bien recibida en todas partes. Ella no recita, no canta, no toca el piano...
—Indudablemente será por eso, mamá —contesta Pepito.

74.—FAVORABLE AMENAZA

La profesora amenaza a Pepito porque no estudia sus lecciones ni hace sus tareas.
—Te advierto, niño, que de seguir tan desaplicado no llegarás a tener ningún premio al final de curso.
—Ese es mi deseo, señorita —le responde—. Mi papá me ha dicho que si no me premian me sacará de la escuela.

75.—EL ASESINATO DE CESAR

Don Salustiano está de visita en la casa de Pepito.
—Nunca lo hubiera creído de usted, señor —le dice el chamaco—. ¿Qué daño le hizo Julio César para que usted lo asesinara?
—¿Qué tonterías estás diciendo, hijo mío? ¡Te voy a dar tus buenas nalgadas! —exclama su madre, sofocadísima.
—Déjele usted, señora —interviene en su defensa don Salustiano— Pero, dime, Pepito, ¿quién te ha contado eso?
—Mi profesora explicó un día que a Julio César lo asesinó un tal Bruto, y mamá, siempre que viene usted a casa, le dice luego a mi papá: "Hoy ha venido aquí ese bruto".

76.—CUESTION DE PESO

La mamá de Pepito entra furiosa en la tienda de abarrotes.

—¿Cómo es posible, don Venancio? —dice dirigiéndose al dueño—. Hace apenas diez minutos que mandé a mi hijo a comprar medio kilo de galletas y al pesarlas en la báscula de mi casa he podido comprobar que sólo le había despachado un cuarto de kilo.

—No dudo de lo que dice, señora —responde el abarrotero riendo—. Pero ¿ha probado usted a pesar a su hijo?

77.—NI PELUQUERO QUE SE ATREVA

—¿Por qué tienen los leones esa melena tan grandota? —le pregunta Lupita a su hermano Pepito.

—Pues porque no hay ningún peluquero que se atreva a cortársela.

78.—DESCENDIENTE DE NOE

—¿Sabes, René? Hoy leí en el periódico que en una bodega de Querétaro, un hombre se metió en una cuba que contenía cien litros de vino, y bebiendo, bebiendo, la dejó vacía.

—¡Eso no puede ser, Pepito! Ni un elefante podría beber tanto sin reventar.

—Bueno, el caso es que este hombre, de vez en cuando se salía de la cuba para hacer pipí.

79.—¡NADA DE HIJOS!

Cierto día Pepito, quien acaba de cumplir los seis años, se presenta ante su padre y con la mayor seriedad y suficiencia, como si ya fuera un joven de veinte, le dice solemnemente:

—Papá, vengo a hacerte saber que me quiero casar.

El buen señor se dispone a soltar la gran carcajada, pero viendo a su hijo tan seriote y decidido, piensa que mejor será seguirle la corriente.

—Bien, bien. ¿Y quién va a ser tu esposa?

—Lolita la hermana de mi amigo Gilberto.

—¿Ya tenéis casa donde ir a vivir?

—De momento viviremos los dos aquí. Sólo tendremos que poner otra cama en mi cuarto.

—¿Y dónde iréis a comer?

—Un día aquí y otro en la casa de mi esposa.

—Muy bien pensado, pero ¿y si tenéis algún hijo, Pepito?

—¡No! ¡Eso sí que no, papá! Apenas me diera cuenta de que Lolita ponía un huevo, ¡lo pisoteaba!

80.—ARBITRO DE BOXEO

—Estoy muy apenado contigo, Pepito. Hace ya dos años que vienes a la escuela y solamente sabes contar hasta diez. De seguir así ¿qué es lo que esperas llegar a ser cuando seas mayor?

—Arbitro de boxeo, señorita profesora.

81.—PELON POR EL FRIO

Al regresar del colegio, la mamá de Pepito se da cuenta de que éste lleva la cabeza toda rapada.

—¿Cómo vienes con tu cabeza tan pelona haciendo el frío que hace? —le pregunta.

—Precisamente por eso, mamá; porque hace un frío que pela.

82.—QUE LE DEN EL OTRO

—Don Venancio, ¿cuánto cuestan dos caramelos de esos?
—Quince centavos, Pepito.
—¿Y uno solo?
—Diez centavos.
—Pues entonces deme el otro.

83.—RESTABLECIMIENTO RAPIDO

Habiéndose fingido enfermo, Pepito le pregunta a su mamá:
—¿Ya pasó la hora de ir al colegio?
—Ya lo creo. Acaban de dar las diez.
—Entonces me voy a levantar, porque ya me siento bien.

84.—LAS CUENTAS DE PAPA

Pepito acaba de terminar sus tareas de aritmética y se las presenta a su mamá para que se las repase.
—¡Qué calamidad eres, hijo mío! —exclama la buena señora al ver las cuentas que le muestra—. ¡Todas están equivocadas! Mira, tres y cinco son ocho, y no siete; nueve y tres son doce, y no quince... !y así todas! ¡No sabes contar!
Pues mi papá sabe contar menos que yo.
—¿Por qué dices eso, Pepito?
—Porque el otro día oí a la criada que le reprochaba que él nunca pasa de tres.

85.—APELLIDO SIMILAR

En una reunión de sociedad a la que Pepito asiste en compañía de su madre, éste contempla fijamente "el expendio de leche" de una de las señoras asistentes a la fiesta. Dándose cuenta la dama de la insistente mirada del niño, le dice:

—Tú, muchachito, seguramente debes apellidarte Mirón.

—No, señora; me llamo Be...teta —contesta Pepito.

86.—RESPETO A LA LEY

La mamá de Pepito riñe a la criada, a quien acaba de sorprender en la azotea dejándose abrazar por un gendarme.

—No la riñas, mamacita —dice el niño, queriendo defender a la "gata"—. Tú bien sabes que la ley prohíbe resistirse a la fuerza pública.

87.—LOGICA

—¿Por qué mordió Adán la manzana, Pepito? —pregunta el profesor.

—Porque no tenía cuchillo para partirla.

88.—DOBLE INDISCRECION

Pepito atisba por el ojo de la cerradura de la recámara de sus papás y de pronto exclama:

—¡Qué veo! ¡Mamá registrando los bolsillos del saco de mi papá! ¡Parece mentira que haya gentes tan indiscretas!

89.—SOLUCION

Rebeca, Lourdes y Pepito salen de la academia de inglés para dirigirse a sus respectivas casas, cuando de pronto se detienen las muchachas en una miscelánea, donde está colgado un magnífico racimo de plátanos.

—Por favor, dénos dos plátanos —dice Rebeca al vendedor.

—Mire, señorita; dos plátanos le cuestan cuarenta centavos, pero si se lleva tres sólo le cobraré cincuenta. Así sale usted ganando —le aconseja el dueño de la tienda.

—Entonces deme los tres plátanos.

—¿Qué vamos a hacer con el tercer plátano? —le pregunta Lourdes a su amiga.

—Pueden guardarlo de repuesto o comérselo —interviene Pepito.

90.—CUESTION DE HONOR

—En la coronación de la Reina del Huarache, han nombrado dama de honor a mi prima Carmela —le cuenta Gilberto a su amigo Pepito.

Y éste le responde:

—Bueno, yo sabía que tu prima era dama, pero de honor ¿desde cuándo?

91.—HONRADEZ HIGIENICA

La nueva criada da como referencias el establecimiento de baños donde dice que ha servido durante diez años y la mamá de Pepito envía a éste para que compruebe si es verdad lo que dice.

Al cabo de una hora regresa nuestro amiguito para dar cuenta a su mamá de su investigación.

—He hablado con la dueña de la casa y me ha informado que la criada es de una honradez a toda prueba y podemos confiar en ella. En los diez años que ha servido allí, nunca se ha atrevido a tomar un solo baño.

92.—¿POR QUIEN ME TOMAS?

—¡Adiós, Pepito!
—¿Qué tal, Josefina? Hacía tiempo que no te veía. Pero, dime, ¿es cierto el rumor que corre por ahí de que tu novio te hizo un chamaco?
—¿Por quién me has tomado, deslenguado? ¡Sólo fue aborto!

93.—CALAVERADAS

—¿Sabes que don Cipriano, con sus ochenta y cinco años bien cumplidos, se casa con doña Casilda, la viuda de Pérez. que ya va arañando sus ochenta?
—¡Bah! Esas son calaveradas de chicos —arguye Pepito.

94.—"LA ALEGRIA DEL TORO"

—Oye, amigo Cornelio, tú que conoces todas las cantinas y demás templos de Baco en México, ¿a que no sabes dónde está "La Alegria del Toro"?
—Pues... no lo sé, Pepito.
—En el sexo de la vaca.

95.—LA OBEDIENCIA ANTE TODO

La nueva criada lleva ya siete meses sirviendo en la casa de Pepito y cierto día se da cuenta de que la fámula tiene el vientre muy abultado.
—¿Con que ésas tenemos, picarona? ¿Y quién te ha hecho el favor? —le pregunta dándose cuenta de lo que se trata.
—Tu papá —le contesta ruborosa.
—¿Qué dices? ¡Estás loca!
—Es la puritita verdad. Al fin y al cabo yo sólo cumplí el consejo de mi madre.

—¿Pues qué te dijo tu madre?
—Me dijo que los patrones debían siempre estar por encima de las criadas.

96.—TODO PAGADO

La portera le dice a Pepito:
—¿Ya sabes que la señorita Tecla, la vecinita del ocho, se marcha al extranjero a continuar sus estudios de piano y canto? Creo que va pensionada por el gobierno.
—No lo crea, doña Pancha; hemos sido todos los vecinos del edificio quienes le costeamos todos sus gastos.

97.—HIZO MUY BIEN

—¿Por qué no se casó usted, señorita Inés? —le pregunta Pepito a la vieja solterona amiga de la casa.
—Porque nunca tuve novio. Y también porque Dios así lo ha dispuesto.
—Bueno de todos modos no se ha perdido nada, porque tengo entendido, según oí decir en cierta ocasión a un doctor, el matrimonio es un cambio de malos humores durante el día y de malos olores durante la noche.

98.—NONES, NO. ¡PARES!

Pepito y su novia salieron cierto domingo de excursión al campo; el incitante perfume de las flores y el dulce canto de los pajaritos, invitó a la pareja a tumbarse debajo de un árbol y... allí pasó eso que ustedes pueden suponer.
Siempre caballeroso, queriendo reparar su falta, al saber que a su novia "algo le faltaba", le insinuó que

se lo hiciera saber a su mamá, ya que él estaba dispuesto a casarse con ella. Al día siguiente, al preguntarle a la chica qué le había dicho su madre sobre el particular ésta le contestó:

—Mi mamá me ha dicho que nones.
—Pues dile de mi parte que... pares.

99.—LA COSA FUE AL REVES

—¿Cómo vienes con los ojos amoratados y las narices sangrantes? —le pregunta a Pepito su mamá, viéndole llegar a la casa en estado deplorable.
—¡Ay, mamacita! ¡Es que me encontré en la calle a Rubén mi peor enemigo, y...
—¡Y te hizo cara!
—Al revés; me la ha deshecho.

100.—PROHIBIDO EL JUEGO

Gilberto, René y Pepito (¡vaya terceto!) están platicando sobre deportes.
—Para jugar al golf —dice Gilberto— se necesitan: un palo, dos pelotas y un agujero. Si queréis que juguemos, yo pondré el palo.
—Yo pondré las dos pelotas! —grita René, entusiasmado.

Pepito se queda pensativo unos segundos y exclama:
—Yo... ¡Mejor no juego!

101.—¿COMO OCURRIO ESO?

En una playa de México (no decimos cuál para que no piense el lector que tratamos de hacerle propaganda al lugar) hallábase detrás de una roca una hermosísima mujer en traje de Eva, bien dispuesta a zambullirse, como una sirena de ensueño en las tranquilas aguas acapulqueñas (¡ándale, ya se nos escapó el lugar!) cuando observó a un chamaco que distraídamente se acercaba hacia ella.

Al grito de sorpresa que ella dio, Pepito, nuestro amiguito, pues no era otro que él, quien pasaba unos días de vacaciones en esa playa, corrió hacia la roca donde se hallaba la estupenda Venus, a la que pudo todavía contemplar absorto en su magnífica desnudez, pero tratando de ocultar pudorosamente el más recóndito lugar de su cuerpo con un par de zapatos de tenis lo que seguramente encontró más a mano para cubrirse, cuando se sintió descubierta. Pero al darse cuenta la muchacha de que se trataba de un jovenzuelo. se tranquilizó un poco gritándole:

—¡Lárgate de aquí, mocoso! ¿Qué miras con tanta insistencia? Seguramente nunca en tu vida has visto una mujer desnuda.

—No sólo una, sino muchas he visto y, por lo tanto, lo que veo no significa nada nuevo para mí.
—Y fijándose en el par de zapatos con que se cubría la damita, añadió—: Lo que sí puedo asegurarle es que ésta es la primera vez en que veo un hombre metido dentro.

102.—LENGUA MATERNA

—¿Por qué se acostumbra decir lengua materna y no paterna?
—Muy sencillo, señorita profesora. Porque es mamá la que habla siempre.

103.—¿PARA QUE TANTA FINEZA?

—¡Dame más pastel!
—¿Dame más pastel, cómo?
—Más pastel, por favor.

—¿Por favor, qué?
—Por favor, mamacita.
—¿Mamacita, qué?
—Mamacita chula.
—¡Pues no te doy más pastel, Pepito, que te vas a indigestar!

104.—EQUIVOCACION

En sus épocas de vacaciones, nunca Pepito había estado en un hotel tan malo.

La habitación olía mal, el aire estaba enrarecido. En vano hacía esfuerzos para dormirse. Trató de abrir la ventana, pero la madera estaba tan hinchada por las lluvias que no logró hacerlo.

En la cama daba vueltas de un lado para otro y, por fin, ya desesperado, saltó de la cama, se envolvió el puño con una toalla y de un puñetazo rompió el cristal. Así ya pudo respirar un aire puro y embalsamado, y regresando a su lecho pasó el resto de la noche entregado a un sueño delicioso.

A la mañana siguiente, el papá de Pepito tuvo que pagar al administrador del hotel **trescientos pesos**, porque su hijo había hecho pedazos el espejo del armario ropero.

105.—SACRIFICIO

—¿No te da vergüenza, Pepito, ser el último de la clase?
—¡Alguno tiene que sacrificarse!

106.—CONSULTA MEDICA

Rufina la criada de la casa, buscando una solución a su caso, acude a Pepito, quien es su confidente.

—Hoy he ido a ver al doctor y me ha dicho que para evitar infecciones, no debe entrar en mi cuerpo nada que no sea hervido. ¿Y cómo le digo yo eso a tu papá?

107.—SORDERA

Pepito es un bromista de marca mayor. En cierta ocasión llama a su casa un vendedor de artículos de cocina, al que le dice:

—Mi mamá ha salido, pero le sugiero que vaya a ofrecer su mercancía a la vecina de arriba, que creo anda necesitada de esas cosas que usted ofrece. ¡Ah! Pero debo advertirle que la señora es sorda y por lo tanto tendrá que gritarle muy fuerte.

El vendedor, animado ante la perspectiva de una buena venta, llama a la puerta de la vecina (quien por cierto no tiene nada de sorda) y ya ante ella comienza a ofrecerle sus artículos a voz en cuello.

La señora también grita hasta desgañitarse y toda la vecindad sale al oír aquel escándalo, hasta que por fin le dice:

—¡Basta ya de gritos, que no soy sorda!
—Pues yo tampoco —añade el vendedor.

Mientras Pepito se ríe de lo lindo al ver el resultado de la pesada broma.

108.—¡QUE VERDAD!

—¿Por qué no te levantas temprano, Pepito? No ves que hasta las gallinas madrugan? —le dice su mamá.

—También yo lo haría si tuviera la cama tan sucia como la tienen ellas —responde el niño.

109.—EL MEJOR PLATO

Como los papás de Pepito han ido al teatro, es la criada quien se encarga de darle la cena a nuestro amiguito.

—¿Qué quieres que te sirva? —le pregunta la fámula—. Hay merluza frita, jamón cocido, filete de ternera y lengua estofada.

Pepito pone una mirada de cabrito degollado, deja escapar un suspiro y responde:

—Mira, Rufina, mejor dame la lengua.

110.—PROHIBICIONES

—Un moralista dice que debería prohibirse el alcohol, por el gran número de víctimas que causa —explica Gilberto.

—Muchas más víctimas hacen los automóviles y a nadie se le ha ocurrido prohibir el uso de la gasolina —contesta Pepito.

111.—DIFERENCIA

Asunción, la prima de Pepito, le decía:

—Esta mañana mis dos hermanos mayores platicaban y el mayor le preguntaba al otro: "¿Sabes en qué se diferencian los libros a las mujeres?". Y ya no pude oir más, pero los dos se pusieron a reír como locos. ¿Tú sabes en qué se diferencian, Pepito?

—Pues... en que los libros comienzan por la introducción y acaban con el índice.

—¿Y las mujeres?

—Las mujeres empiezan con el índice y acaban con la introducción.

112.—CONJUGACION

—Dime, Pepito, ¿qué tiempo es "amar"?
—Amar es tiempo perdido, señorita.

113.—PEPITO EN EL CIRCO

A Pepito le gusta mucho el circo, y como desde hace veinticuatro horas se está portando muy bien, su papá lo lleva a ver este espectáculo que tanto agrada a chicos y grandes.

Uno de los números que se presentan es el de una bellísima domadora de leones, cuyo mayor éxito lo obtiene poniéndose un terrón de azúcar entre sus labios y obligando a un fiero león a que se lo quite, acercando su enorme boca a la de la valiente joven. La arriesgada prueba es coronada con una salva de aplausos del público, pero Pepito no le da ninguna importancia y comenta en voz alta:

—¡Eso lo haría yo también!

Este comentario llega a oídos de la domadora que sonriente se acerca al muchacho, una vez terminada su actuación en la pista.

—Estoy segura de que no serías capaz de hacer lo que yo he hecho, muchachito —le dice sonriente.

—¡Cómo no! ¡Me canso! —exclama Pepito—. Colóquese usted otro terrón de azúcar entre sus labios y verá que hago lo mismo que el león.

114.—POETAZO

Gilberto, que presume de poeta, le dice un día a Pepito:

—Debajo de una ventana, le di un abrazo a tu hermana. Bueno, debo advertirte que eso es mentira.

—Pues para que veas que yo también soy poeta, escucha esto:

—En una calleja oscura manoseé a tu hermanita.

—Pero eso no cae en verso.

—Bueno, pero es verdad.

115.—EL DORADOR

Para enterarnos de este auténtico suceso, no es menester que vayamos a Acapulco, sino a Cuernavaca, que está mucho más cerca y el viaje nos cuesta menos.

Junto a la habitación que ocupa Pepito en el hotel, se instala una pareja de recién casados. Y al filo de la medianoche, nuestro amiguito escucha a través del tabique lo que sigue:

—"¡Qué cabecita tan hermosa tienes, amada mía! —decía él—. De buena gana cubriría de oro tus hermosos bucles".

—"¡Ayyy! —suspiraba ella.

—"¡Y tu blanco cuello de cisne, con qué gusto lo doraría!

—"¡Aayyy!

—"Y luego te haría dorar tus ebúrneos senos, que parecen dos blancas palomas con sus rosados piquitos.

—"¡Aaayyyy!

—"Y te haría dorar tu vientre, esa dulce comba que semeja suave cojín para descansar mi cabeza.

—"¡Aaaayyyy!

—"Y descendiendo de esa curva, con qué placer te doraría ese montecito..."

Pepito, que ya no aguanta más, golpea con furia la pared que los separa y grita:

—¡Aquí está el dorador!

116.—ACERTADA DEFINICION

Dice Pepito a su papá:
—En los Estados Unidos, los cementerios donde entierran a los negros no se llaman necrópolis.
—¿Cómo se llaman, pues?
—Negrópolis.

117.—¡OJO CON EL CHIFLIDO!

—¿Todavía no han regresado tus papás de Veracruz? —le pregunta Gilberto a Pepito.
—Hasta el próximo lunes no llegarán a México —contesta éste.
—¿Y no tienes miedo de estar solo en la casa?
—Rufina, la criada, está conmigo y por cierto que mi mamá le mandó que llevara su cama a mi recámara, para estar juntos.
—Juntos... pero no revueltos, ¿eh? —le dice Gilberto guiñándole un ojo.
—Pues te diré: Desde luego que cada quien duerme en su respectivo lecho, pero si siento un poco de miedo, nada más tengo que chiflarle y ella se pasa al mío y así estamos los dos bien acompañados.
—Muy bien pensado, Pepito. ¿Y en el caso de que sea ella la que siente temor?...
—Se limita a preguntarme desde su cama: "¿Que me chiflaste, muchacho?"

118.—LECTURA PECAMINOSA

María de la Asunción ve a Pepito leyendo con gran interés un libro y le pregunta:
—¿Qué lees?
—Una novela escabrosísima que contiene pecaminosos relatos.
—¿Qué desvergonzado eres! ¡Préstamela!

119.—TERRIBLE SED

A la hora del desayuno, Pepito mete en su taza de chocolate un trozo de bizcocho y de pronto grita:
—¡Corre, mamá! ¡El bizcocho se está bebiendo mi chocolate!

120.—UN CUENTO CORTO

—¿Quieres que te cuente un cuento, mamá?
—Cuéntamelo, Pepito.
—¿Te gustará?
—Seguramente, hijito.
—Se trata de un cuento muy corto.
—No importa.
Pues escucha: había una vez un florero en la sala y lo acabo de romper.

121.—SOLUCION RAPIDA

Paseando Pepito por el bosque de Chapultepec, ve que se le acerca con apresurado paso una joven, muy bonita por cierto, quien, balbuceante, le dice:

—Muchachito lindo, yo soy poetisa, ¿sabes?... Acaba de venir a mi mente la inspiración para escribir un soneto a esta naturaleza que nos rodea... ¿Cómo podría explicarte lo que siento... Necesito un papel... un papel... pero con toda urgencia, porque no aguanto más... Tengo necesidad de un papel...

Y Pepito, suponiendo que lo que la joven quería era un papel para... eso que ustedes también piensan, le habla:

—No puedo ofrecerle ningún papel, ni siquiera un billete de a peso que podría partir en dos partes. De veras lo siento, señorita. Pero póngase en cuclillas detrás de aquel enorme ahuehuete, haga un hoyito y después... bueno, después se le echa un poco de tierra encima.

122.—CULPABILIDAD

—¿Por qué te casaste con mamá, papacito?
—¡Por tu culpa, idiota!

123.—MILAGRO IRREFUTABLE

Pepito, fiel creyente, católico, apostólico y romano, platica con su condiscípula René, muchacho un poco alocado e irreverente.

—Oye, René, ¿tu crees en los milagros? —le pregunta.

—¡Bah! ¿Milagros? La verdad, no creo en ellos.

—Ya sé que eres un poco ateo, pero ¿vas a negar el gran milagro que hizo Nuestro Señor cuando la resurrección de Lázaro?

—Pues... ¿qué quieres que te diga? Yo no estaba presente.

—¡Estúpido! ¡Idiota! No ha habido nadie que se atreviera a discutir y menos negar tal milagro.

—Yo... pues ya te digo...

—Bien sabes que Lázaro, hermano de Marta y de Magdalena, hacía tres días que había muerto, cuando llegó Jesús, e invocando a su Padre Celestial, ordenó al cadáver: "¡Lázaro, levántate y anda!!" Y Lázaro se levanto y andó.

—¡Anduvo, pendejo!

—Sí, sí. Anduvo pendejo dos o tres días, pero luego se repuso —añade Pepito.

124.—SU MIRLO ME GUSTA, SEÑORA

Pepito va a visitar a una señora, llevándole un encargo de su mamá, y aprovecha la ocasión para admirar en el jardín de la casa las hermosas flores y bellísimos pájaros, a los que ella es muy aficionada.

—¿Qué me dices de mis flores? —le pregunta la dama.

—Son maravillosas y están muy bien cuidadas.

—¿Y de mis lindos pajaritos? ¿Cuál te gusta más? ¿El mirlo, el jilguero, el canario, la calandria?...

—Su mirlo, señora. No hay nada mejor que su mirlo.

125.—RELOJ DESCOMPUESTO

La mamá de Pepito platica con una amiga:
—¿Ya se enteró usted, doña Petra, de lo que le pasó a la hija del lechero?
—¡Oh, sí! ¡Pobre muchacha! ¡Miren que abandonarla su novio en ese estado tan... embarazoso!
—Todas las mujeres tenemos en la vida un cuarto de hora de debilidad.
Pero hay algunas que tienen el minutero descompuesto —agrega Pepito, presente en la conversación.

126.—ERRORES DEL "PAJARRACO"

Lucrecia decíale a su amiguito Pepito:
—Una compañera del colegio contaba el otro día que los niños los fabrican los papás cuando están juntos en la cama y que si esto y que si lo otro y que hacían no sé qué cosas... en fin, que yo no pude entenderla. Pero tú, que sabes mucho, ¿verdad que son las cigüeñas las que traen los niños a los papás?
—Claro que sí, Lucrecia —contesta Pepito—. Pero debo decirte que a veces se equivocan y hacen pasar muy malos ratos a las solteras.

127.—EN CASA DEL OTORRINOLARINGOLOGO

Con una afonía terrible, Pepito llega al consultorio del otorrinolaringólogo y es precisamente la esposa de éste quien lo recibe.
—¿Está el doctor? —pregunta el niño con un susurro de voz.
Y la señora, interpretando el tono de voz como una velada proposición para ella, le murmura al oído:
—No, no está. ¡Y qué oportuno vienes! ¡Entrale, muchachito!

128.— UN PAR DE POETAS

Hallándose Pepito veraneando en Acapulco, tendido sobre la playa tomando el sol, se le acerca una despampanante joven luciendo, además de sus curvilíneas formas, un microscópico bikini.

El simpático y dicharachero muchacho y la descomunal mujer, no tardan en entablar conversación y van caminando por las tranquilas aguas, cuyas suaves olas salpican sus rodillas.

—¿Qué es lo que haces en México? —pregunta ella.

—Estudio; soy estudiante, señorita. ¿Y usted?

—Yo soy poetisa.

—¿De veras? ¿Entonces por qué no me hace un verso?

—Con muchísimo gusto, pues no faltaría más. ¿Cómo te llamas?

—Pepito; Pepito Bonilla.

—Pues ahí te va el verso: "Al gran Pepito Bonilla, le llega el agua hasta la rodilla.

—¡Muy bonito! ¿Y usted cómo se llama?

—Ruperta Angulo.

—Le voy a hacer también su verso: "A la inspirada poetisa Ruperta Angulo, le llega el agua hasta la rodilla". ¡Ya está!

—Pero rodilla no rima con Angulo.

—Es que el verso es de efecto retrasado. Métase un poco más adentro del mar y ya verá cómo la palabra Angulo rimará muy bien con el lugar adonde le llegará el agua.

129.— VESTIDO NATURAL

—¿Por qué siempre representan desnudo a Cupido, el dios del amor? —le pregunta una niña a Pepito.

—Precisamente porque en las cosas del amor, la ropa es siempre un estorbo —le contesta.

130.—¡MALDITOS NERVIOS!

Contaba Pepito a sus amigos René y Gilberto:
—El caso es que la otra tarde que me quedé en la casa solo con Gregoria, la cocinera, ésta me rogó que le contara el cuento de "Barba Azul" y me llevó a su cuarto, donde nos tumbamos tranquilamente en la cama para estar más cómodos. Y cuando me disponía a relatárselo, no sé cómo se hizo una laguna en mi mente y me olvidé del comienzo del dichoso cuento.

—No te pongas nervioso —me dijo—; tranquilízate y piénsalo bien y ya verás que el cuento te viene a la memoria.

—Y santo remedio; aplaqué mis nervios y al mismo tiempo que me venía, también le vino a Gregoria.

131.—¡CUIDADO CON LA CHEQUERA!

Enriqueta, una joven muy fina, viuda ella, mejor formada que el Colegio de Cadetes y que, según malas lenguas lleva una vida un poco o un mucho alegre, ha ido a visitar a la mamá de Pepito, pero como ésta ha salido de compras, nuestros amiguito, muy atento y educado, le hace pasar a la sala para que espere su regreso, asegurándole que no puede dilatar mucho.

Con objeto de contemplar y admirar a sus anchas a aquella estupenda mujer y deleitarse con su dulce mirada y agradable conversación, Pepito se sienta frente a ella, quien comienza a platicar sobre cosas del dinero.

—Yo —dice displicente— nunca llevo dinero suelto en la bolsa, y tanto aretes, collares, sortijas, vestidos, sombreros... en fin, todo lo que deseo comprar, lo pago con cheque.

En ese momento, la ceniza del cigarrillo que Enriqueta está fumando, le cae sobre su falda, precisamente en el lugar de la entrepierna, por lo que Pepito se apresura a advertirle:

—¡Cuidado, que se le quema la chequera!

132.—SORDERA PROLIFICA

Reunido con varios amigos, Pepito les relata el siguiente sucedido:

—Pues verán que ayer me encontré con una señora, amiga de mi mamá, a quien hacía tres años que yo no había visto, esto es, desde que tuvo su décimo hijo a cuyo bautizo yo asistí, y se me ocurrió preguntarle si la cigüeña le había obsequiado con otro, pero exclamó:

"—Dios me libre, Pepito; con diez ya tengo bastantes.

"—Sí, claro, con eso de la píldora...

"—¡Caramba! ¿Ya sabes tú de esas cosas? Pues no ha sido por eso, no. El caso es que hasta que tuve el último yo padecía una sordera terrible, pero gracias a Dios me curé completamente.

"—¿Y qué tenía que ver su sordera para procrear tantos chamacos?

"—Pues que, cuando era sorda, nos metíamos a la cama y mi marido siempre me preguntaba: ¿"Dormimos, o qué?", yo entonces me ponía la palma de la mano en mi oreja y le decía: "¿Qué?"

133.—DOLOR DE MUELAS

Estando Pepito en casa de doña Inocencia, joven viuda y agraciada, escucha unos fuertes y continuados maullidos en el patio.

—¿Qué le pasa a su gatita, señora? —le pregunta.
—Pues... seguramente el pobre animalito debe tener dolor de muelas. En los meses de enero y febrero, todos los gatos sufren del mal de muelas —contesta doña Inocencia.

Unos días después, Pepito regresa de nuevo a ver a la bella y encantadora viudita y la sorprende echada sobre la cama, revolcándose en ella y suspirando profundamente.

—Usted perdone, señora, que haya entrado sin pedir permiso —le dice—. ¿Pero acaso también le está a usted doliendo alguna muela?

134.—¡OH, LA DIVINA MUSICA!

Tecla, hermosa y pizpireta muchacha, gran virtuosa del piano, que figura entre las múltiples amistades de Pepito, recibe a éste en su casa, hallándose completamente solita, pues sus papás han tenido que salir a recibir a un familiar que llega en el avión de las nueve.

Con la mayor atención invita a pasar a su amiguito al salón, y sentada en el piano se dispone a deleitarle con sus mejores sonatas musicales.

Bien arrellanado en el sofá, Pepito se extasía oyendo las dulces melodías que toca su amiguita, cuando de pronto ésta se acerca a él muy melosa y le dice con voz desmayada:

—¿Quieres que te toque aquella pieza que tanto te gusta?
—Encantado, preciosura. Empieza a tocármela, que me darás mucho gusto —responde Pepito.

135.—LEONES Y ROTARIOS

—Mamacita chula, ¿el león y la leona tienen hijos?
—Claro que sí, Pepito.

—¿Y cómo los hacen?
—Eso no lo sé, porque tu papá y todos sus amigos son rotarios.

136.—NO ES LO MISMO

—Mamá, ¿qué es un bígamo? —pregunta Pepito.
—El hombre que se casa dos veces, hijito.
—No, no es eso. Papá me ha dicho que el hombre que tiene dos mujeres no es un bígamo, sino un imbécil.

137.—REMEDIO INFALIBLE

Dos señoras platicaban respecto a la efectividad de esas tan cacareadas píldoras anticonceptivas, y una de ellas decía:
—Yo he dejado de tomar "esas pildoritas", porque los doctores dicen que en algunas ocasiones puede fallar el efecto para lo que están prescritas y la mujer se expone a tener de una sola vez dos o tres hijos y, lo que es peor, uno solo, pero que puede venir al mundo con alguna tara física.
—Estoy de acuerdo contigo —contesta la otra—, pero ¿cómo evitar el modo de ir siempre por la calle con una barriga de obispo?
Pepito, quien las está escuchando sin que las señoras se den cuenta de su presencia, interviene en la conversación diciendo:
—Lo mejor y más indicado para evitar que se llegue a este embarazoso estado, es simplemente usar una aspirina.
—¿Qué sabes tú de esas cosas, muchacho? —prorrumpen las dos señoras al unísono.

—Más de lo que ustedes creen, respetables damas. Y, por favor, escúchenme. Toman ustedes una tableta de aspirina, se la sujetan fuertemente entre los lados de las rodillas, y mientras la aspirina no les caiga al suelo, pueden ustedes estar tranquilas, que no les pasará nada.

138.—CADA QUIEN LA SUYA

—Tienes la misma nariz de tu mamá, Pepito.
—¡No estoy de acuerdo con usted, doña Remedios! En nuestra familia, los medios económicos de que disponemos, nos permiten tener cada uno su propia nariz.

139.—BUEN RECONSTITUYENTE

Desde hace algunos días, Pepito se da cuenta de que la criada está muy triste, que ha perdido el apetito, que hace más de un mes que no sale con el novio y siente náuseas y mareos continuamente. Interesándose por su salud, le pregunta:
—¿Qué es lo que te pasa, Rufina?
—Y Rufina, que estima mucho a Pepito y tiene gran confianza con él, le confiesa llorando:
—Verás que hace dos meses... salí con mi novio de excursión a Cuernavaca y cuando íbamos a comer solitos en el bosque... pues... el muy sinvergüenza... Yo no quería, ¿sabes?
—¡Desgraciada! Caíste en la tentación deshonrando tu preclaro apellido de los Pérez, enlodándote como una cualquiera.
—Te repito, Pepito, que yo no quería y créeme que si hice eso fue en un momento de debilidad.
—¿Y quién te había dicho a ti que "eso" te había de servir de reconstituyente?

140.—¡LOS HAY MENSOS!

Me extraña que tu prima Leonor haya reñido con su novio. Siempre creí que estaba muy enamorada de él —dice René a Pepito.

—Es que su novio es un perfecto imbécil. Precisamente ayer me explicaba mi primita que una noche fundió de propósito la instalación de la luz y el muy idiota se pasó hasta la madrugada tratando de componer la falla —explica Pepito.

141.—AHORA ESTA BIEN DICHO

En un cuarto vacío que está en la azotea de la casa de René, éste reúne a varios amigos para jugar a las siete y media, claro está que a escondidas de sus papás.

Una tarde Pepito asiste a la partida en calidad de mirón y oye a René despotricar contra todos los santos, ya que la suerte en el juego le es adversa y lleva perdidos diez a doce pesos.

—No debes ser tan irreverente con los santos del cielo —le aconseja Pepito, llamando aparte a su amigo—. Mejor será que los alabes e invoques para que te den su protección y tal vez la mala suerte se voltee a tu favor.

Así lo hace mentalmente René, elevando sus ojos al cielo en busca de protección celestial y ¡pácatelas! que gana la baza.

Y ante el éxito obtenido, invocando con todo fervor a sus santos predilectos, el ex blasfemo va recuperando el dinero perdido, con gran alegría para él y no menos contento para Pepito, su buen consejero.

Pero en esta jugada, la fortuna les voltea la espalda y todo el dinero apostado pasa a las manos del banquero.

René, no pudiéndose contener ante tan mala suerte, exclama:

—¡Me cago en san Apapucio!

A lo que Pepito, solidarizándose con tal irreverente blasfemia, no puede menos que decir:

—¿Ves, René? ¡Ahora sí que está muy bien cagado!

142.—UN CASO RARO

—Pues como te decía, amigo Gilberto, ayer por la tarde, al salir de mi casa, la portera me estaba esperando en la puerta y apenas me vio se acercó para decirme que su hija Panchita, quien ya tiene sus doce años, indefectiblemente hacía sus necesidades a las seis en punto de la mañana.

—¿Y a ti qué te importan esos detalles, Pepito? De todos modos, el obrar diariamente revela su buen funcionamiento intestinal.

—Eso es lo que yo le dije a la portera, pero luego añadió que el caso raro era que la niña hacía del baño a las seis de la mañana aunque no se despertaba hasta las nueve.

143.—¡POBRE MICIFUZ!

—Tengo a mi gatito enfermo —le dice René a Pepito—. ¿Qué le diste al tuyo aquella vez que se puso tan malito?

—Un litro de aguarrás.

Al día siguiente vuelven a encontrarse los dos cuates.

—Le di un litro de aguarrás a mi gatito, tal como tú me dijiste, y se me murió.

—Era de esperar. ¡También se murió el mío!

144.—CUIDADO CON LA PINTURA

Estando en la Alameda, Pepito ve a un anciano que se dispone a sentarse en un banco recién pintado.

—¡Cuidado, señor! ¡La pintura está fresca! ¡Acaban de pintar el banco! —le grita.

Pero el buen vejete se sienta en él y entonces pone su mano en una oreja, como pantalla para poder recoger la voz y pregunta:

—¿Cómo?

—¡De verde! —exclama Pepito alejándose.

145.—CALEFACCION CASERA

El papá de Pepito acaba de sorprender a su hijo nada menos que acostado con la criada.

Cuando ambos tórtolos esperan, ella una bronca fenomenal y el niño una paliza de órdago, el buen señor, dirigiéndose a la criada, le dice con voz apesadumbrada:

—Cierto es, Rufina, que no te compré el calentador que me pediste hace unos días, pero bien podías haber elegido otro medio de calefacción.

146.—COMPROBACION

Hemos de reconocer que Pepito era ya un niño muy listo desde que la cigüeña lo trajo a este mundo.

Apenas contaba tres años, cuando un día se le acercó una niñita de su misma edad quien, indiscreta como futura mujer, le preguntó:

—¿Tú qué eres, niño o niña?

Y Pepito levantándose un poco el vestido, como para verse los pies, contestó:

—Soy niño.

—¿Y cómo lo sabes? —insistió la pequeña.

—Porque acabo de verme los zapatitos azules.

147.—EN PERFECTA SALUD

—¿Te acuerdas, mamacita, de aquellos mangos que me dijiste no comiera porque eran verdes y me podía enfermar?

—Claro que me acuerdo, Pepito. ¿Y qué?

—Pues aquí me tienes lleno de salud. ¡No me enfermé!

148.—¡VAYA CON EL "VIEJITO"!

Dando un agradable paseo por el bosque de Chapultepec, Pepito platica con René respecto a las ventajas que ofrecen la abstinencia de ciertos placeres y la dieta sana en la vida de los humanos, para alcanzar una avanzada edad.

En esto ven a un venerable anciano de pelo canoso, que aparenta tener como unos noventa años, tomando el sol sentado en un banco.

—Ahí tenemos un ejemplo —le dice a René, señalándole al viejecito—. Este respetable señor, a pesar de estar cerca de cumplir el siglo, fíjate qué mirada tan expresiva anima su rostro y qué juvenil sonrisa asoma en sus labios. Vamos a interrogarle y te convencerás de la recta clase de vida que ha llevado.

—Perdone, buen hombre —le dice Pepito acercándose a él—. ¿Ha sido en su juventud aficionado al alcohol?

—Nunca, amiguito. El alcohol es un veneno —contesta.

—¿Lo ves? Te lo dije, René —dice Pepito.

—El alcohol va muy bien para hacer friegas, pero a mí que no me quiten los vinos y los licores —añade el viejito.

—¡Qué me dice! —exclama nuestro amiguito extrañado—. No irá también a decirme que fuma...

—Tres cajetillas diarias y media docena de puros.
—¡Chihuahua! Pero... en cuanto a las mujeres...
—Son mi mayor debilidad. Hay días que me acuesto con...
—¡Basta! —grita Pepito, exasperado por su fracasado interrogatorio—. ¡Un hombre a los noventa años no es capaz de poder hacer todo eso!
—¡Descarado chico! —protesta el "viejito"—. ¿Qué desvergüenza es esa de decir que tengo noventa años? ¡Apenas mañana cumplo los veintisiete!

149.—CAMBIO DE NOMBRE

La prima de Pepito acaba de tener un niño y, aunque su llegada es bien recibida por todos, la mamá comenta que hubiera preferido una niña, para ponerle Anita de nombre.
—La cosa tiene fácil solución —interviene Pepito—. Si hubieras preferido que la cigüeña te trajera una nena para bautizarla con el nombre de Ana, ya que se trata de un niño puedes masculinizar el nombre.

150.—NO ES LO MISMO

Refiriéndose a una joven de no muy buena reputación, vecina de la casa, la mamá de Pepito comenta con una amiga:
—Acabo de ver salir a la calle a esa pelandusca y oí que le decía a la portera que iba de compras.
—A lo mejor no ha salido de compras, sino de ventas —interviene Pepito.

151.—COMPETENCIA

—En mi pueblo hay un hombre que levanta un tronco de árbol que pesa ciento cuarenta kilos —le dice la criada a Pepito.

—Pues sin ir más lejos, mi tío Pedro levanta también ciento cuarenta kilos, pero no de madera, sino de hierro —contesta el niño.

152.—POR LLEGAR TARDE

Pepito presumía ante unas niñas de su colegio de un viaje que hizo por Tamaulipas. Y decía:
—Estando en Tampico, recorrí en una barca todo el Pánuco.
—¿Y no te llegaste al nacimiento del río? —pregunta una.
—Precisamente al nacimiento no pude llegar porque me entretuve en el camino, pero estuve presente en el bautizo.

153.—LAMENTABLE EQUIVOCACION

En la cocina de la casa, en ese momento oscura por estar la ventana cerrada y la luz apagada, Pepito ve un bulto que está agachado buscando algo en el horno de la estufa y, creyendo que es Rufina, al contemplar el magnífico trasero que presenta, se acerca y le da una fuerte nalgada.
—¡Descarado! ¡Pero si eres tú, Pepito! —se oye una voz.
—Discúlpame, mamacita, creí que era la criada.

154.—MUJERES MARCIANAS

A la hora del recreo en el colegio, unos niños juegan y otros forman coros comentando diversos temas o bien contando cuentos "no aptos para menores". Pepito se acerca a un grupo en el que se halla Gilberto platicando sobre los seres ultraterrestres:
—Pues sí, eso de los platillos voladores es cosa

cierta. Unos sabios afirman que existe vida en Marte y, lo que es más, aseguran haber visto descender de un "ovni" a unas gentes muy parecidas a nosotros, aunque los hombres tenían la cabeza cuadrada y las mujeres, ya que entre ellos bajaron dos, tenían las nalgas delante y las chiches detrás.

—¡Qué sabroso debe ser bailar con ellas! —exclama Pepito.

155.—HERENCIA REAL

—¿Qué es una monarquía? —pregunta la profesora a Pepito.
—Una nación gobernada por un rey —señorita.
—Y si el rey muriese, ¿quién gobernaría?
—La reina.
—¿Y si se muriera la reina?
—La sota.

156.—DECLARACION DE AMOR

A una joven, ya con sus veinte años cumplidos, Pepito se atreve a declararle su apasionado amor y volcánica pasión, de rodillas y a sus pies.

Ella le escucha sonriendo, lo mira indulgente y le dice:

—Más vale que lo dejemos correr, amiguito; eres todavía un niño y creo que no tienes "lo suficiente" para contentarme si te casaras conmigo.

157.—CLASE DE FISICA

En la clase de Física, el profesor, que es un viejito más que sesentón, le pregunta a Pepito:
—Veamos, muchacho. Ponme un ejemplo de un cuerpo ligero.

—Esta cosa que tenemos aquí las personas del género masculino —contesta decidido Pepito, señalándose directamente el lugar de la "cosa".

Aunque la respuesta era bastante "gráfica", el profesor la acepta como buena y le vuelve a preguntar:

—Ahora dime cuál crees que pueda ser el cuerpo más pesado.

—Esa "cosa" que tiene usted ahí, señor profesor.

—¡Cómo es posible! Primero dices que "eso" es lo más ligero y ahora sales con que es lo más pesado. ¡No me explico!

—Pues es muy sencillo. Cuando contesté primero que "eso" era lo más ligero, me refería a lo mío, y al decirle ahora que es lo más pesado, he señalado a lo suyo.

158.—CALUMNIA

—¿Qué es calumnia? —le pregunta Lucrecia a Pepito.

—Calumnia... calumnia... No sé definirlo bien, pero creo que es eso que se les levanta a los hombres.

159.—SI CAMBIA DE JUEGO...

—¿Qué te pasa, René —le pregunta Pepito a su amigo viéndole triste y lloroso, sobándose con una mano el lugar donde la espalda pierde su nombre.

—Que esta mañana, estando jugando al ping-pong con René, mi papá me sorprendió fumándome un cigarrillo y me propinó una buena tunda con la raqueta con que yo jugaba.

—Pues tuviste suerte de que no te sorprendiera jugando al beisbol. ¡Figúrate la calidad de los golpes!

160.—¿PARA QUE LOS PANTALONES?

Dorita, su hermana mayor, discute con Pepito:
—No sabes lo que dices cuando afirmas que las mujeres no servimos para nada. Dime, pues, ¿quién os cosería los botones de los pantalones si no existiéramos nosotras?
—Si no existierais vosotras, los hombres no tendríamos necesidad de usar pantalones —contesta Pepito.

161.—FAMILIA DESGRACIADA

—La mamá de nuestro amigo Lorenzo está en el hospital, su papá en el cementerio y su hermano en la cárcel —le cuenta Pepito a Gilberto.
—¡Qué familia tan desgraciada!
—No lo creas. La madre es enfermera, el padre sepulturero y el hermano subdirector de la cárcel —añade Pepito.

162.—YO NO SOY GALLINA

—¡Como sigas portándote tan mal, Pepito, te encierro en el gallinero!
—Haz lo que quieras, papá; pero aunque me encierres ahí, no pienso poner ningún huevo.

163.—CAMPO DE AVIACION

Pepito aborda por la calle a una muchacha estupendísima, de esas que al andar van moviendo con garbo el globo terráqueo (¡qué finos que somos!), y siguiéndola, llevado por su espíritu tenoriesco, comienza a soltarle piropo tras piropo:
—¡Vaya con Dios lo bonito! ¿Desde cuándo los ángeles van andando por la calle? Las rosas han de

morirse de envidia al ver los lindos colores de su cara. ¡Ay, si yo fuera avión y usted campo de aterrizaje!.

La joven se detiene, se voltea y mirándolo de arriba a abajo le dice:

—Por lo que escucho, muchachito, tú no tienes pelos en la lengua.

A lo que Pepito contesta, entornando los ojos y relamiéndose:

—Será porque usted no quiere.

164.—UN FAVOR SE LE HACE A CUALQUIERA

En una reunión en casa de Pepito, éste alterna con las niñas de su edad, ofreciéndoles pastelillos y refrescos.

Su prima Leonor (ya con sus dieciocho añitos cumplidos) se da cuenta de que Pepito lleva abierta la jaula del pajarito y, acercándose a él, le dice con disimulo.

—Llevas abierta la bragueta y las niñas no hacen más que mirarte.

Y como el chico tiene en una mano un volován y en la otra un vaso de naranjada, le ruega:

—Entonces, por favor, abróchamela tú misma, porque ya ves que tengo las manos ocupadas.

165.—COSAS DEL CASAMIENTO

—¿Por qué se necesitan testigos para que un hombre se case?

—¡Ay, Pepito! Sin testigos nadie podría hacerlo.

166.—UN BUEN VENDEDOR

En la temporada de vacaciones, Pepito va a ayudar a don Lucas, el tlapalero de la esquina, quien le recompensa semanalmente con algunos pesitos por su colaboración y que le van muy bien para comprarse libros de cuentos y golosinas para su deleite.

—Mira, chamaco —le dice don Lucas cariñosamente—. Todo buen dependiente debe ser siempre amable y cumplido con los clientes y no debe dejárseles marchar sin que hayan comprado alguna cosa. Así, si algún parroquiano pide algún artículo que no tengamos en existencia, deberás ofrecerle otro similar o parecido. La cuestión estriba en que no salga sin haber comprado nada.

En ese momento entra en la tlapalería una señora.
—Dame un rollo de papel higiénico —le dice a Pepito.
—Pues verá, señora mía; precisamente ayer se nos agotó todo el papel higiénico que teníamos, pero en cambio puedo ofrecerle un suavísimo papel de lija...

167.—ADVERTENCIA PATERNAL

El papá le dice a Pepito:
—Bien sabes que voy a tener que estar unos días fuera de México por asuntos de mi trabajo, pero antes del marcharme debo darte un consejo. Ya ves que tu mamá es chaparrita y por lo tanto no deberás enojarte ni pelearte con nadie cuando alguna persona te diga que tienes muy poca madre.

168.—ENSAYO MUSICAL

La novia de Pepito le pregunta a éste:
—¿Y cómo has aprendido a besar tan bien?
—Porque sé tocar la corneta.

169.—FRACASO MATRIMONIAL

Pepito, quien ya ha cumplido sus doce años, tiene novia "formal" y tan decidido está a casarse con ella, que se presenta ante el papá de la niña para pedirle su mano.

El buen señor, regocijado en su interior por esta inesperada e infantil proposición, le sigue la corriente aparentando interés y escuchándole con la mayor seriedad y, después de formularle algunas preguntas respecto a su edad, estudios y posición, se preocupa por saber con qué cuenta para mantener a su futura esposa.

—Pues verá, señor mío —contesta Pepito, también más serio que un fiscal—. De momento no cuento con un ingreso cuantioso, pero con lo que me dan mis papás los domingos, puedo reunir unos sesenta pesos mensuales aproximadamente.

Al oír esto, el hombre ya no puede contener la risa y le dice en tono afectuoso:

—¿Sesenta pesos al mes? ¡Bah! Con eso no le alcanza a mi hija ni para papel higiénico.

Pepito, desengañado y furioso, sale del despacho del señor y al cerrar la puerta violentamente se encuentra con su novia, quien espera afuera el resultado de la entrevista, y deteniéndose ante ella la mira de pies a cabeza y le dice indignado:

—¡Cagona!

170.—COLABORACION FAMILIAR

Hablando sobre el señor Perea, el carpintero de enfrente, a quien ayudan en sus tareas tanto su esposa como una prima, Pepito le dice a René:

—Feliz es este Perea, que tiene a su esposa Lola que le calienta la cola y su prima se la menea.

171.—NADA DE TRATAMIENTOS

Juliana, una de las estimadas primas de Pepito, le envía a éste desde Guadalajara, donde pasa sus vacaciones, una carta haciéndole saber lo bien que lo pasa en la Perla Tapatía, asistiendo a fiestas, bailes y excursiones. El contenido de la carta satisface al muchacho, pero se molesta mucho al ver que en el sobre ha escrito: "Señor Don José Bonilla", seguramente para darle importancia.

De regreso Juliana a México, Pepito va a verla a su casa y estando solos le dice un poco enojado:

—No me gustó nada que pusieras en el sobre "Don José". A mí debes darme un tratamiento más sencillo, primita.

—¿Te enfadaste porque te puse el "don"?

—Exactamente. Tú bien sabes que yo no quiero con don.

172.—DISPOSICIONES DE TRANSITO

—El nuevo director de Tránsito anuncia que va a poner fuertes multas a los automovilistas que circulen a gran velocidad y a quienes vayan con el escape libre, llenando de apestosos gases la ciudad —decíale Asunción a su primo Pepito.

—Esas son muy buenas medidas, dignas de todo encomio —le responde—. Pero particularmente esa de los escapes de gases, debería hacerla extensiva también a las personas que viajan en el camión.

173.—VISTA TELESCOPICA

—¿Es Venus aquella estrella? —pregúntale Pepito a René.

—No; es Júpiter.

—¡Qué buena vista tienes! ¡Poder distinguir el sexo a esa distancia!

174.—CONCIERTO... EN LA CASA

Todos los sábados por la tarde, Pepito acostumbraba salir con sus amigos, bien de paseo, al cine o a tomar un helado; pero desde hace algunos fines de semana, el muchacho prefiere salir solo.

—¿Vamos al cine esta tarde? —le pregunta un día Gilberto.

—No. Precisamente a las cinco da un concierto el maestro Corchea.

—¿Dónde vamos de paseo hoy? —decía René al siguiente sábado.

—No cuenten conmigo. A las cinco en punto comienza el gran concierto del maestro Corchea.

—Supongo que iremos a tomar unos helados en "El Oso Polar" —le insinuaba Vicente.

—Lo siento mucho. El gran virtuoso Corchea empieza a las cinco su programa musical.

Hasta que, extrañados de sus continuas negativas, Gilberto, René y Vicente se entrevistan con Pepito preguntándole:

—Siempre nos sales con la excusa del concierto del maestro Corchea y seguramente te estás burlando de nosotros, ya que bien sabemos que a ti no te gusta mucho la música clásica.

—Nunca me ha gustado, amigos míos.

—¿Y por qué ya no sales con nosotros?

—Debo aclararles que cada sábado a las cinco, el maestro Corchea va a dar un concierto en un club, por lo que, a las cinco y diez, yo me presento en su casa y me paso unos ratos estupendos con su mujer.

175.—BUENA VITALIDAD

—Cuando nació mi papá, no pesaba más que un kilo y medio —decía Vicente a Pepito.

—¿Y vivió?

176.—NADA DE SOSA: ¡"POTASA"!

René le explica a Pepito:
—¿Sabes qué? El otro día, sin que ellos me vieran, estuve espiando a mi hermana que estaba con su novio y de pronto éste la abrazó y le dio un beso en la boca; pero ella, como si nada, se quedó tan fresca.

Pepito tuerce el gesto y no contesta.

—¿Y sabes qué? Entonces él se atrevió a meterle la mano en el escote de su blusa y ella tampoco dijo nada. Ya te he dicho que es muy sosa.

Esta vez Pepito se rasca la cabeza.

—¿Pues no sabes qué? El muy sinvergüenza la tumbó sobre el sofá y se puso encima de mi hermana, sin que ella protestara ni se resistiera. Indudablemente que es muy sosa.

Pepito ya no aguanta más y rompe su mutismo.

—Tú, amigo René, estás confundiendo la sosa con la "potasa".

177.—¡CON CUIDADO! ¡CON CUIDADO!

Al regresar de sus vacaciones en un pueblito de la Huasteca, Pepito explica a sus compañeros de colegio:
—Pues verán que en el gallinero de la casa de campo donde yo estaba, vino a refugiarse un perico, seguramente escapado del hogar de alguna vieja solterona; y la dueña del rancho, como tenía por costumbre, cada día se dedicaba a explorar con un dedo la parte posterior de las gallinas, para cerciorarse si éstas iban a poner un huevo. El pobre perico observaba aquellas extrañas manipulaciones desde un rincón del gallinero y cuando la mujer, muy corta de vista por

cierto, agarró al perico confundiéndolo con una gallina, exclamó suplicante:

—Por favor, señora, ¡con cuidado! ¡con cuidado! que esta es la primera vez.

178.—LAS LLAMAS DEL INFIERNO

—Te veo con cara de vinagrillo, Pepito. ¿Qué te pasa?

—A mí nada, Vicente, pero el caso es que esta mañana mi hermana Dorita fue a confesarse y el padre cura la amonestó severamente amenazándola con las llamas del infierno, total porque ella, según me contó, le enseñó a su novio un par de medias de malla.

—¡Pues yo no creo que sea ningún grave pecado enseñarle al novio un par de medias!

—Es lo que yo le dije a mi hermana. Pero luego acabó por decirme que las medias no iban envueltas en su celofán, sino que las llevaba puestas.

179.—NO HAY QUE IMPACIENTARSE

En la puerta de un cine Pepito se encuentra con su amiguita Juliana, quien parece estar muy nerviosa mirando de un lado a otro, como esperando la llegada de alguien.

—¿A quién esperas? —le pregunta.

—Estoy aguardando a un chico y ya hace media hora que me tiene aquí plantada —contesta la muchacha.

—¡Qué impaciente eres, Juliana! ¿Hace total media hora que lo esperas? Pues debes saber que, por regla general, los chicos se hacen esperar nueve meses.

180.– PEPITO MATEMATICO

—Tengo una idea, mamá.
—Dime que idea es esa, Pepito.
—Mira: yo te pido ahora diez pesos prestados, pero no me das más que cinco, y así te quedo a deber cinco. Pero como tú me debes a mí los otros cinco... quedamos en paz.

181.– PARA SER LA PRIMERA VEZ...

Desde que Pepito enseña a leer y a escribir a Pedrito Herrera, el hijo del portero, éste parece haber hecho grandes progresos. Un día el padre del niño le pregunta al joven maestro:
—¿Qué tal va de adelantado Pedrito?
—Ya lee regular y sabe escribir un poco; por lo menos ya casi pone su nombre. Veamos, amiguito, escribe tu nombre y apellido —le dice Pepito.
El niño toma el lápiz y un minuto después muestra a su padre lo que ha escrito.
—¡Chihuahua! ¡En vez de Pedro Herrera has puesto Pedorrera! —exclama el padre.
—Bueno —interviene Pepito—. Para ser la primera vez que lo escribe, no está mal del todo.

182.– BUENA PAGADORA

Pepito va a visitar a su tía Inocencia, viuda todavía muy apetecible, y le encuentra sentada delante del calentador eléctrico y en paños bastante menores.
—¿Qué haces sentada ahí junto al fuego y tan despatarrada? —le pregunta Pepito.
—Estoy secando el recibo de la renta. Precisamente hace unos momentos acaba de marcharse el dueño de la casa.

183.—UNO DE IMPRESORES

—¿Qué diferencia hay entre "imprimir" y "publicar"? —le pregunta Leonor a Pepito.

—Es muy sencilla, primita —le contesta éste—. Tú puedes imprimir un beso en mis labios, pero nunca jamás debes publicarlo.

184.—EXPULSION

La profesora está dando clases cuando se da cuenta de que René, ajeno a la lección, le está mirando fijamente las piernas.

—¿Qué ves con tanta insistencia, mocoso? —le pregunta.

—Sus hermosas pantorrillas, señorita —dice inconscientemente el niño, poniéndose más rojo que una amapola.

—¡Eres un sinvergüenza! ¡Quedas expulsado de la clase durante una hora!

Momentos después, habiendo cruzado sus piernas, nota que Gilberto la contempla con ojos de papel volando.

—¿Y tú qué estás mirando? —le grita.

—Su... su... liga, profesora... Y crea que estoy que no veo.

—¡Insolente! ¡Quedas expulsado por dos días! —exclama.

Y ahora... ahora le toca a Pepito quien, con un espejito colocado debajo de su falda, se da una buena ración de vista. La profesora se da cuenta de esta exploración y se dispone a darle de cachetadas, pero antes que pueda llegar adonde se encuentra Pepito, éste recoge sus libros y sale de la clase diciéndose él mismo: "Expulsado por dos años".

185.—CONSUELO

Pepito y su hermana Dorita asisten al velorio de un vecino de la casa, y su desgraciada viuda —por cierto muy agraciada— lloraba con desconsuelo la muerte de su marido.

—¡Qué será de mí! ¿Qué haré sola en este mundo? ¡Ay, Dios misericordioso! ¡Unicamente el Señor de arriba podrá consolarme!

—¡Pobre señora! ¡Y qué buena cristiana es! Ella sólo confía en el Señor —le dice Dorita a su hermano.

—En efecto, hermanita. Ella cuenta para mitigar su pena con el Señor... pero con el señor del piso de arriba, ese joven soltero que vive en un cuarto de la azotea —aclara Pepito.

186.—¡QUIEN HABIA DE SUPONERLO!

Rufina, la criada de la casa de Pepito, ha pasado unos días de vacaciones en su pueblo y a su regreso se le ve triste y apesadumbrada, siendo, como siempre ha sido, una muchacha alegre y dicharachera. Los papás de Pepito tratan de sonsacarle la causa de este cambio tan radical, pero ella se encierra en un mutismo y contesta con evasivas a todas las preguntas que le hacen.

Pero nuestro amiguito, ¡ay, este picarón de Pepito!, quiere saber el motivo de su malhumor y cierta tarde en que están los dos solos en la casa, le dice cariñosamente:

—Tu tristeza y abatimiento me afligen de veras, Rufina. Dime qué te pasa, que yo tal vez pueda poner remedio al dolor o pena que te torturan.

Y la criada, reconociendo la bondad que emana de las palabras del niño, le confiesa sollozante:

—Pues verás, Pepito, que cuando regresaba de mi

pueblo en el tren, se me sentó a mi lado un joven desconocido, pero que estaba lo que se dice "cajeta fina". Nos pusimos a platicar que si esto y que si lo otro, que si yo era soltera y que él también era soltero; que sus padres tenían un rancho muy grande en Pachuca, que nunca había tenido novia y que le gustaban las prietitas como yo... ¡Ay! En fin, que se me fue acercando diciéndome al oído palabras muy dulces... Luego me acarició... me besó...

—¡Y allí mismo te...! —interrumpe Pepito, haciendo un gesto con las manos cerradas y con enérgico movimiento de querer golpearse los flancos de su cuerpo.

—¡No! ¡No! ¡Nada de eso! Verás, que yo llevaba ochocientos pesos que me dio mi madre para que los metiera aquí en la Caja de Ahorros y que eran producto de una venta de puerquitos que hizo. Pero como yo sé que en los trenes viajan muchos rateros, mientras esperaba en la estación de mi pueblo, me metí en el baño de mujeres y, sin que nadie me viera, envolví los billetes en mi pañuelo y me los até con un mecate junto a... bueno, en medio de eso que tú te puedes figurar y que te divierte tanto cuando te lo enseño. Pues el sinvergüenza, que primero me mete las manos por abajo, y yo también sin decir nada, hasta que de pronto, al llegarme al pañuelo, que me da un tirón y me lo arranca, llevándose todo el dinero.

—¡Desgraciada! —exclama Pepito—. ¿Y cómo permitiste que ese ladrón te llegara tanto a un lugar tan íntimo?

—Es que... la verdad, ¡yo creía que el hombre venía con buenas intenciones!

187.—BUEN CALCULO

—Si dos señoritas llegan a un hotel y solicitan por favor un cuarto con dos camas y les dice el admi-

nistrador que no hay ninguno disponible, ¿a qué hora habrá sucedido esto? —le pregunta Pepito a Gilberto.
—¡Pues quién sabe!
—Sucedió a la una con cuarenta y cinco minutos, porque faltaba un cuarto para las dos.

188.—CON RAZON

—¿Por qué a nosotras las mujeres nos dicen hembras? —le pregunta Lucrecia a Pepito.
—La contestación es sencillísima. Os dicen hembras porque quedáis embara...zadas.

189.—CUIDADO CON LOS CONSEJOS

Pepito regresa del colegio llorando a moco tendido.
—¿Por qué lloras, hijo mío? —le pregunta su mamá.
—Porque por mi culpa, por mi grandísima culpa, el conserje de mi escuela se ha convertido en homicida.
—¡Qué estás diciendo!
—La otra mañana, al entrar a clase, vi al pobre hombre lloroso y muy apenado, quién sabe por qué, y yo, queriendo animarle, le dije: "No esté tan triste, Antonio. ¡Mate su pena y diviértase!
—¿Y qué pasó?
—Pues que el hombre hizo caso de mi consejo y esta mañana le dio cuatro balazos a su suegra.

190.—ARREPENTIMIENTO

En la clase de Historia Sagrada, la profesora le pregunta a Pepito:
—¿Quién hizo el mundo?

—No lo sé, señorita. De veras que no lo sé —contesta el niño.

—¿Que no sabes quién ha hecho el mundo? ¡Castigado de cara a la pared!

—Bueno... sí... señorita... yo lo hice —dice Pepito con carita compungida—. ¡Pero le juro que no lo volveré a hacer!

191.— MEJOR EN INVIERNO

—Miren qué termómetro he comprado —dice el papá de Pepito a los suyos, mostrándoles un aparato de esos para tomar el temperamento, digo, la temperatura—. Sólo me ha costado cien pesos.

—Debías haber esperado para comprarlo a que llegara el invierno, papá, porque en esa época siempre bajan mucho —arguye Pepito.

192.— ACLARACION

Un amigo del papá de Pepito, don Casildo para más señas, telefonea a la casa y es nuestro amiguito quien toma la bocina.

—¡Aló!...

—¿Eres Pepito?... ¿Sí?... Bueno, dile a tu papá que aquí en el café le estamos esperando para jugar nuestra habitual partida de dominó.

—No creo que hoy pueda ir con ustedes, porque mi mamá está en la cama —dice el niño.

—Lo sentimos de veras. Pero... ¿y tu papá dónde está?

—Está encima de ella.

193.— CURARSE CON SALUD

—¿Me quieres prestar diez pesos, Vicente? —le solicita a este Pepito. Y añade muy solemne: —Debo advertirte que no los necesito precisamente hoy.

—Si no los necesitas para hoy, ¿por qué me los pides?
—Es que cada vez que pido prestado a un amigo, invariablemente me dice: "Hoy no los tengo, pero si me los hubieras pedido ayer..." Así es que te los pido un día antes de necesitarlos.

194.—REMEDIO CONTRA EL REUMA

—El otro día me reí de lo lindo —contaba Pepito a Gilberto—. Verás que mi prima Leonor sufre mucho de reuma y yo le aconsejé que comiera ajos crudos, remedio muy indicado para combatir esa dolencia.
—¿Y qué pasó?
—Pues que al día siguiente vino a verme hecha una furia, diciendo que por el fuerte y desagradable aliento que tenía, su novio se negaba a besarla. Y exclamó delante de todos: "¡Yo no quiero mascar ajos!"

195.—AFICION AL NUDISMO

Pepito va a visitar a un viejo compañero a quien en la escuela le llamaban el "Grandote", por ser el mayor de todos, ya que en aquella época tenía diecisiete años, cuando sus condiscípulos estaban entre los diez o doce. Hacía un lustro que no se veían y grande fue su sorpresa al llamar a la puerta de su casa y verlo aparecer con el traje de nuestro padre Adán.
—¡Qué manera es esa de recibir a la gente! —exclama Pepito extrañado.
—Es que pertenezco a un club nudista y créeme que no hay nada tan sano como un vestido en esta forma —le contesta su amigo haciéndole pasar, después de haberse abrazado con el mayor afecto—. ¿Te enteraste que me casé?

—Apenas ayer lo supe y habiéndome dado tu dirección he venido a visitarte. ¿Ya eres padre de familia?

—En mis cuatro años de matrimonio, he tenido cuatro hijos.

—¡Es increíble! ¡Cuatro hijos en cuatro años! Entonces no puedo creer eso que dices que eres nudista. ¡Lo que pasa, amigo mío, es que desde que te casaste, no has tenido tiempo de vestirte! —comenta Pepito.

196.—JAULA GATUNA

Nuestro amigo Pepito se presenta en la casa de la señora que vive en el primer piso, la cual anunció a todo el vecindario que se le escapó su canario, ofreciendo una buena gratificación a la persona que lo encontrara.

—Aquí le traigo a usted su pajarito, doña Virtudes —le dice presentándole un gato que había encontrado en la azotea.

—¿Estás loco? ¡Lo que me traes es un micifuz!

—Sí, pero el canario está dentro, señora.

197.—CORAJE APLACADO

Los papás de Pepito se han ido a Guanajuato a visitar un familiar que se encuentra muy grave. A su hermanita Lupita la han llevado con la tía Inocencia y Pepito se queda en la casa a solas con la criada, pues hasta la cocinera está de vacaciones.

Una tarde, Pepito, muy triste y alicaído, le platica a su amigo René:

—¡Ya no sé qué hacer! ¡Me siento muy deprimido! Desde que me he quedado solo con Rufina ésta considerándose la dueña de la casa en ausencia de mis papás, me trata con el mayor despotismo creyendo que yo soy su esclavo. ¿Qué puedo hacer?

—La solución que te voy a dar es infalible, amigo —le dice René—. Cuando esa Rufina quiera avasallarte o te grite, tú, que eres fuerte, la agarras, te la pones sobre tus rodillas, le levantas la falda, le bajas las pantaletas y en el mero cuero le das de manotones hasta que se te duerma la mano.

Pepito le agradece su consejo y dos días más tarde vuelven a encontrarse los dos amigos.

—¿Dio resultado lo que te recomendé? —le pregunta René.

—¡Cada día está peor esta Rufina!

—¿Acaso no pusiste en práctica mi consejo?

—Lo puse, sí, lo puse y la agarré, la coloqué sobre mis rodillas, le levanté la falda, le bajé las pantaletas para castigarla duramente, pero... ¡ay, amigo mío!, a la vista de aquel panorama, se me pasó todo el coraje.

198.—PULGAS SIN BOZAL

—Pasa, no tengas miedo del perro, Pepito. ¿No ves que lleva bozal? —le dice la portera a nuestro amigo.

—El perro, sí, pero ¿y sus pulgas?

199.—LLUVIA PESTILENTE

La tía Inocencia lleva a Pepito a dar un paseo por Chapultepec y visitando el zoológico se detienen ante una pajarera, donde múltiples pajarillos de mil colores revolotean incesantemente, como queriendo hallar más espacio vital para sus evoluciones.

—A veces pienso que este mundo no es perfecto ni justo —le dice la tía al sobrino—. Aquí vemos a estas avecillas volando como asustadas de un lugar a otro, buscando mayor lugar para sus revoloteos, y tal parece que van a asfixiarse en su enorme jaula. Y, sin embargo, mira junto a ellas a ese búfalo, que dispone de tan vasto terreno para estarse ahí sin apenas moverse del enrejado, contemplando con ojos soñolientos a los visitantes.

Continuando el paseo, se detiene de pronto la tía y, después de elevar sus ojos al cielo, se quita con el pañuelo un pequeño y delicado "obsequio" que acaba de darle en la mera punta de la nariz un libre pajarito.

Pepito, que se ha dado cuenta de esto, es ahora quien toma la palabra, diciéndole:

—Supongo, tía, que debes reconocer que este mundo es perfecto y justo, puesto que es obra de Dios.

—¿Por qué dices eso?

—Porque si en lugar de ser un pajarillo que cruzaba los cielos con toda libertad, obsequiándote con "su tarjeta de visita", llega a ser el búfalo, estarías ahora convertida en pestilente tortilla.

200.—NADA DE BRAVATAS

—¡Pepito, obedéceme inmediatamente!

—¿Acaso piensas que te tengo miedo, mamá? ¡Yo no soy como papá!

201.—UN JUEZ COMPRENSIBLE

El inocente Pepito, en compañía de su novia, son conducidos ante el comisario de Policía.

—¿Por qué me trae aquí a estos dos jovencitos? —le pregunta al gendarme.

—Será mejor que lo expliquen ellos, señor.

A una invitación del representante de la autoridad, Pepito relata:

—Pues verá usted que mi novia y yo estábamos en el bosque de Chapultepec, sentaditos sobre el pasto, comiéndonos un pastel, el que puse sobre su falda, como si fuera mantel y, claro está, sobre sus piernas, como si fuera mesa. Este gendarme nos vio, nos detuvo acusándonos de inmorales y aquí nos trajo.

El comisario, hombre bueno y comprensible (¡qué raro! ¿eh?) les recomendó que no comieran más pastel en el bosque y acto seguido los dejó en libertad.

No obstante, cuando Pepito y su novia se marcharon, mandó que se colgaran en algunos árboles del bosque el siguiente rótulo que decía: "Se permite a los jóvenes usar las piernas de su novia como mesa y la falda como mantel, pero queda terminantemente prohibido levantar el mantel y subirse sobre la mesa".

202.—PERRO ANALFABETO

—¿Por qué lloras, Pepito? —le pregunta a éste su amiguito Lorenzo, al verle derramando copiosas lágrimas.

—Porque mi perrito "Firulais" se escapó ayer de la casa y todavía no ha regresado.

—No te preocupes por eso. Pon un anuncio en los periódicos.

—¿Y qué gano con eso? Mi perrito no sabe leer.

203.—¡QUEREMOS VER EL REGALO!

Pepito asiste a una fiesta que ofrece en su casa una de sus amiguitas donde, con la presencia de la luminosa juventud, reina la mayor alegría.

Todos los invitados, tanto niños como niñas, llevan sus obsequios: flores, bombones, libros, etc., que la agasajada recibe gozosa, prodigando besos, abrazos y apretones de manos.

—Yo vengo a ofrecerte este disco —le dice Pepito, besándole respetuosamente su linda manita.

—¡Vamos a ver qué traes! —tratan de indagar las muchachas.

—Traigo el "Pájaro Azul".

Y al oír esto, todo aquel ramillete de niñas se abalanzan sobre él, tratando de vérselo.

204.—CONSOLACION

Para entregarle un obsequio de su mamá, Pepito llega a la casa de la señorita Marianela quien, según ella, cuenta con sólo treinta años, aunque nunca dice lo que no cuenta y ve en su recámara una imagen de San Antonio, junto a la cual hay una vela encendida.

—¿Por qué tiene esa vela encendida al santo? —le pregunta.

—Para que San Antonio me conceda un marido —le contesta la "joven".

Y Pepito, que en muchas ocasiones se considera como un Bécquer revivido, le dice:

Pues deséole, Marianela
se lo conceda a medida,
pero entretanto, querida,
sírvase aún de la vela.

205.—CON LOS PIES COMPLETOS

Don Propcopio va a visitar a los papás de Pepito y éste, como niño educado que es, acude a saludarle.

Como el buen señor se da cuenta de que el chico le mira fijamente los pies, le pregunta:

—¿Qué observas con tanta curiosidad, Pepito? ¿Acaso llevo los zapatos sucios?
—No, señor. Estaba contando sus pies y veo que tiene dos.
—¡Pues claro! ¡Como todas las personas!
—Es que el otro día oí decir a papá que usted ya tenía un pie en el otro mundo.

206.—¡MUCHO CUIDADO, NIÑAS!

Decía Gilberto:
—Mi papá es muy bueno, porque siempre me está dando consejos para que yo sea estudioso, atento con todos, servicial y caritativo.
—Pues en mi casa es mamá la que nos aconseja —arguye Pepito—. Esta misma mañana me decía que en todo momento debo portarme bien y nunca separarme de las reglas de educación. Y a mi hermana Dorita, la mayor, también le aconsejó que, para ahorrarse en la vida muchos disgustos, ha de procurar no separarse jamás de la regla.

207.—LOS NIÑOS DE HOY

Decíale Lucrecia a Pepito, como confiándole un secreto:
—Yo sé cómo se tienen los niños.
—Pues yo ya sé cómo no se tienen —responde Pepito.

208.—EQUIVOCACION

Me parece que aquel señor que pasa por allí es un cura —dice René.
—Pues te equivocas. Es médico y "no cura" —responde Pepito.

209.—BASCULA HUMANA

Torcuata, la cocinera de la casa, decíale a Pepito muy enojada:

—De seguir las cosas así, dejaré de estar con ustedes y me marcharé a servir con otros señores.

—¿Pues qué te pasa, muchacha? ¿No estás contenta de nosotros? —le pregunta Pepito.

—De ti, de tu mamá y de tus hermanas, no tengo nada que decir, pero tu papá es muy pesado.

Nuestro amiguito se queda un momento pensativo y vuelve a preguntarle:

—¿Y cómo sabes lo que pesa?

210.—CONTADOR CASERO

Después de una merienda que la mamá de Pepito ofrece a varias amigas, una de las señoras le dice a éste:

—Ya estás hecho un hombrecito. Seguramente que ayudarás a tu mamacita, ¿verdad?

—Ya lo creo que la ayudo. Yo soy el que cuento las cucharillas después que ustedes se marchan después de la merienda.

211.—¿PUES QUE PENSARIA?

Pepito llega al colegio con una hora de retraso.

—¿Estas son horas de llegar a la clase? ¿Por qué has tardado tanto, Pepito? —le reprende la profesora.

—Perdone, señorita, pero es que tuve que ir a un lugar donde nadie podía ir por mí.

—¡Insolente! ¡Desvergonzado!

—No se me enoje, profesora; he tenido que ir a retratarme.

212.—¿SERIA VERDAD?

—Yo nunca he creído en esas gentes que dicen acertar el porvenir y la vida de las personas, sólo leyéndoles la palma de la mano —decíale Pepito a su amigo Vicente.

—¿Por qué lo dices?

—Porque la otra tarde, en una reunión que había en la casa de mi hermana Dorita, una de las señoras invitadas, quien asegura tener dones de profecía y adivinación, y que por vez primera conocía a mi hermana, al preguntarle ésta si era capaz de adivinarle cuántos hijos tenía, ella le contestó que dos.

—Pues acertó, porque tu hermana tiene ya dos niños.

—Sí, pero mi cuñado le hizo la misma pregunta y la adivina le contestó muy convencida: "Usted sólo tiene uno".

213.—POR METICHE

La criada llega a la casa sobándose el vientre y con una cara de dolor que asusta.

—¿Qué te pasa, Rufina? —le pregunta Pepito.

—Pues verás que al regresar del mercado unos hombres se estaban peleando en la calle y, al pasar junto a ellos, uno de los rijosos me dio una patada —contesta la chica.

—Así aprenderás a no meterte en líos callejeros. Seguramente te acercaste para ver cómo acababa el pleito y, ¡claro está!, te dieron una patada en la refriega.

—En la refriega precisamente, no —aclara Rufina sobándose la barriga—. El golpe me lo dieron entre la refriega y el ombligo.

214.– REPETICION

—Estoy apenada porque mi novio va diciendo por todas partes que yo soy una mensa —le cuenta Juliana a Pepito.
—No hagas caso, chula. El sólo repite lo que oye por ahí.

215.– CAMBIO DE CIUDAD

En ausencia de su marido que había ido a León, a comprar una partida de zapatos, su mujer, según malas lenguas, atendía a algunos de sus clientes con la mayor solicitud, haciéndoles pasar a la trastienda para probarles sus pares... de calzado y ver si les venían... bien.

Estas atenciones no tardaron en propagarse por toda la barriada y cierta tarde Pepito y su mamá fueron a la tienda a comprar un par de zapatos para el niño.

—Me han dicho que su esposo está en León —díjole la señora a la zapatera.

Y antes que ésta pudiera contestar, se adelantó Pepito aclarando:

—No, mamá, no está en León, Según lo que he oído decir a las gentes, el señor zapatero está en Babia.

216.– ¿DONDE TIENE EL GUSTO RUFINA?

—Ayer me decía Rufina que tal vez el mes próximo se vaya de nuestra casa para casarse —le decía Pepito a su mamá.

—¿Es posible? ¿Será capaz de casarse con ese individuo que viene a buscarla por las tardes, un tipo pelado, feo, desgarbado, indecente y puerco? ¿Dónde tiene Rufina el gusto?

—Yo creo que donde lo tienen todas las demás mujeres —responde el muchacho.

217.—MALEDICENCIA

—Me han hablado mucho de ti, Juliana.
—¡Que diga la gente lo que quiera, Pepito! ¡Hasta ahora nadie me lo ha podido comprobar!

218.—NO HAY QUE PENSAR MAL

Estando Pepito de vacaciones en Mazatlán con sus papás, le corresponde en el hotel un cuarto contiguo al de un matrimonio con bastantes años los dos a cuestas.

Al filo de la medianoche, nuestro amiguito se despierta y oye al lado unos extraños ruidos y voces violentas y, como es muy curioso, se levanta de la cama y aplica su oreja al tabique tratando de oír claramente lo que sucede. Y escucha lo siguiente:

—Ahora ponte tú encima, Romualda.
—No, ponte tú, Nemesio. Mis fuerzas se agotan.

"¡Vaya par de vejestorios! —dice para sí Pepito—. ¡A su edad todavía tienen humor para hacer esas cosas!"

De pronto se oye un fuerte golpe y la voz del señor que grita:

—¡Pongámonos los dos encima, a ver si lo conseguimos!

El chico no aguanta más y ansioso de saber qué "postura" pueda ser esa, sale de su cuarto y acercándose al de al lado atisba a través del ojo de la cerradura.

¡Y ve a los dos viejitos, sentados sobre un baúl, tratando de cerrar la tapa!

219.—SISTEMA INFALIBLE

Se quejaba una mujer con una amiga suya de que cada año tenía un hijo, sin poder evitar el arribo de la cigüeña, a pesar de las precauciones que tomaba.

Pepito, que escuchaba la conversación, se atreve a intervenir, aconsejando a la prolífica señora:

—Si usted no quiere recibir más la visita del pajarraco que trae a los niños, cuando esté "platicando" con su esposo ordénele que vaya diciendo "farolito", "farolito" mientras dure la conversación. Y cuando el hombre sólo pueda balbucear "fa... fa... fa... fa..., usted le da un fuerte empujón y le grita: ¡A la porra! ¡A solfear a otro lado!

220.—LA COSA SE EXPLICA

Jugando con varios amiguitos y amiguitas, Pepito se siente de pronto indispuesto y todos se apresuran a auxiliarle, ellas haciéndole masajes y ellos proporcionándole aire para que vuelva en sí.

—¿Qué te ha pasado? —le pregunta Gilberto.

—¿Cómo es posible que un muchacho como tú se desmaya igual que una mujer? —inquiere Lucrecia.

—No sé... no sé... Aún no me explico como me ocurrió esto... —contesta Pepito, ya un poco repuesto—. Pero la verdad es que siempre me viene cuando estoy entre muchachas.

221.—COSAS INCOMPRENSIBLES

Pepito y Vicente platican:

—Yo no acabo de comprender ciertas cosas —dice el primero.

—¿Qué cosas no comprendes? —pregunta Vicente.

—Lo que hacen mis papás conmigo. Si grito y hago ruido, me dan unas buenas nalgadas, y si me estoy quieto y calladito, me quieren tomar la temperatura y purgarme. De veras que no los comprendo.

222.—COLGADURA

—¡Mamá! ¡Mamacita! ¡Ven! ¡Corre!
—¿Qué sucede, Pepito?
—¡Papá está colgado en la cocina!
—¡Dios santo! ¿Colgado has dicho?
—¡Sí, del cuello de la cocinera!

223.—CUIDADO CON EL REFRIGERADOR

En lugar de hacer las tareas del colegio, Pepito se dedica a gastar bromas por teléfono.

Al azar escoge un número del Directorio y cuando la dueña de la casa contesta a la llamada, Pepito pregunta amablemente:

—Perdone, señora. La firma "Esquimalandia", fabricantes de los mejores refrigeradores del mundo, está haciendo una encuesta entre las amas de casa. Por favor, ¿quiere usted decirme si tiene andando su refrigerador?

Y como la buena señora contesta afirmativamente, el bromista añade:

—Pues sujételo, no sea que se le escape.

224.—¡RASQUESELA!

¡Qué manía la de Pepito en tantear a la gente por teléfono!

En esta ocasión llama a una tlapalería y cuando el dependiente se pone al habla, le pregunta:

—¿Tienen ustedes clavos de cinco pulgadas?
—Sí, señor.
—¿Y cera para pisos?
—También.
—¿Tienen cola?
—Naturalmente.
—¡Pues rásquensela!

225.—PADRE ASESINO

—¿Sabes, papá? Mi amiguito René me dice que en su casa es su papacito quien friega los platos.
—Pepito, como le digas eso a tu mamá ¡te mato!

226.—ANTROPOFAGIA

Contaba Pepito apenas seis años cuando cierto día llegó al colegio radiante de alegría, repartiendo caramelos entre sus condiscípulos. Y el motivo de tal contento y liberalidad no era para menos, ya que su mamá acababa de hacerle saber que pronto le regalaría un hermanito.

Pero iban pasando los días y el ansiado envío de la cigüeña no llegaba, por lo que continuamente preguntaba a su mamá a qué se debía el retraso, a lo que la buena señora respondía que ya se acercaba el momento del arribo del ave picuda que llegaría de París, lugar de procedencia de todos los bebés, como nosotros, las personas mayores, sabemos.

Una mañana Pepito se dirigía al colegio acompañado de la criada y le platicó a ésta que su mamá pronto compraría un nenito para jugar con él, pero la sirvienta, que por cierto era más bruta que una mula (sin ánimo de ofender a las pobres mulas), le dijo que el bebé ya lo llevaba su mamá en la barriga.

Pepito se quedó pensativo y acudió a su mente el detalle de que, efectivamente, había notado que su mamacita tenía una barriga muy grandota y así, triste y desilusionado, llegó al colegio.

Al verlo entrar en la clase tan apesadumbrado y silencioso, cosa tan contraria a su carácter alegre y dicharachero, la profesora le preguntó a qué se debía tal estado de ánimo, a lo que el niño, no pudiendo ya contener sus lágrimas le contestó:

—¡Ay, señorita, que ya no tendré el hermanito que esperaba! ¡Mi mamá se lo ha comido!

227.—¡LA SUYA!

La mamá de Pepito se encuentra un poco mal de salud y, en ausencia del médico de la familia, un vecino, estudiante en Medicina, atiende a la buena señora recetándole un remedio a base de estricnina.

Pepito corre a la farmacia entregándole la receta al señor boticario quien al leer la fórmula, exclama horrorizado:

—¿Quién ha prescrito esa medicina? ¡Qué bárbaro! ¡Con esta receta vas a tiznar a tu madre!

—¡Y usted sin receta! —contesta Pepito arrebatándosela.

228.—ELECCION ACERTADA

Los papás de Pepito han salido de visita después de cenar y la criada le dice a éste que va a ir un momento a la farmacia a comprarse una aspirina y no tardará en regresar a la casa. Pero transcurre una hora y Rufina no llega, cosa que mucho le preocupa a Pepito, hasta que por fin oye que la puerta se abre y la ve llegar sofocadísima.

—¿Qué ha pasado? ¿Por qué te tardaste tanto? —le pregunta.

—¡Ay, Pepito! Verás que al regresar de la farmacia, me encontré en la esquina a un hombre con una daga en la mano y en la otra... bueno, eso que vosotros tenéis, y agarrándome de un brazo me dijo con voz cavernosa: "¿Qué piquete prefieres? ¿De éste o de éste?"

—¿Y tú por cuál te decidiste?

—¡Orale! ¿Pues no ves que vengo viva?

229.—MEJORIA

—¿Ya salió tu papá de la enfermedad que le aquejaba, Pepito?
—Está mucho mejor. Anoche ya fregó los platos.

230.—ACCIDENTE PROMETEDOR

Pepito se encuentra recluido en su casa, a consecuencia de haber sufrido una lesión en el pie, al caerle sobre el dedo gordo un frasco de mermelada, cuando recibe una invitación de su amiguita Juliana para asistir a la fiesta de su cumpleaños con que sus papás la agasajan.

Como nuestro amiguito no quiere dejar de asistir al acto, ya que Juliana es una de las niñas que más aprecia y le gustan, se reviste de valor y disimulando ante sus padres la cojera para que éstos le permitan salir llega a la casa de la festejada, portador de un hermoso ramo de rosas.

¡Y hay que ver lo que se divierte Pepito bailando con las niñas que han acudido a la fiesta! Claro está que de tanto bailar se le resiente la lesión en el pie y el pobre anda cojeando visiblemente.

Cuando le toca bailar con Juliana, ésta, que es muy fina y atenta, le dice:

—Bailas muy bien, Pepito.
—Pues ya ves. ¡Y cojo! —contesta el muchachito.

La niña que, además de fina y atenta es muy picarona, pensando que Pepito ha dicho esto en doble sentido (con el que ustedes pueden suponer), sin darse cuenta de que en verdad está cojeando, le susurra al oído:

—Todavía somos muy niños, pero espera a que pasen dos años más y entonces te diré si me decido.

231.—ESO ES LO MISMO

—¿Qué es un colega, papá?
—Es un señor que hace la misma cosa que otro, Pepito.
—Entonces tu amigo Antonio es tu colega, porque él también besa a mamá.

232.—GRATIFICACION MERECIDA

La mamá de Pepito, indignada por el mal comportamiento de la cocinera, le liquida la cuenta y la pone de patitas en la calle. Compungida y llorosa se despide del niño, dándole un beso y entregándole un billete de diez pesos, después de haberle dado cierto encargo.

Cuando sale de la casa, Pepito va en busca de su mamá y le entrega el dinero diciéndole:

—Toma, mamacita; estos diez pesos me los dio la cocinera, encargándome que le compraras algo para nuestro perrito.

—¿Por qué te encargó eso? —pregunta la señora intrigada.

—Me dijo que no le gustaba que nadie trabajara sin provecho, y era su deseo gratificar a "Firuláis", que siempre la ayudaba a limpiar los platos lamiéndolos.

233.—MALA MEMORIA

—¿Te has dado cuenta de que don Hilarión, el boticario, a pesar de sus ochenta años cumplidos, todavía anda detrás de las muchachas? —le dice Vicente a Pepito.

—Eso lo sabe todo el barrio —responde el chico—. Lo malo es que el buen don Hilarión ya no recuerda para qué.

234.–TODO AL REVES

—¡Felicidades, Pepito! —exclama al verle su amigo Lorenzo—. Me dijeron que ayer habías ganado cincuenta pesos en una partida de dominó.

—Deja que te explique, Lorenzo —aclara Pepito—. La partida no fue ayer, sino la semana pasada. Y ésta no fue al dominó, sino al boliche. Y tampoco fueron cincuenta pesos, sino cien. Y no los gané, sino que los perdí.

235.–CORRESPONDENCIA

—Dime, Pepito, ¿por qué en esa tarjeta de felicitación que le envías a tu amigo René escribes su nombre con minúsculas y el domicilio con mayúsculas?

—Te diré, papacito; René es un niño pequeño como yo, y la casa en que vive es muy grande.

236.–CUESTION DE COSTUMBRE

La mamá de Pepito se entera de que a Rufina, la criada, le han traído de su pueblo un puerquito, que esconde debajo de la cama.

—¡Esto es intolerable! —exclama la señora—. ¡Tener un puerco encerrado en su cuarto! ¡Dile a esa cochina que venga inmediatamente a verme!

—Déjala, mamá —le suplica Pepito interviniendo en favor de Rufina—. Comprende que es un regalo que le hizo su padre.

—¡Cómo voy a dejarla! ¿No tienes en cuenta el mal olor?

—Ya se irá acostumbrando el animalito.

237.– POQUITO A POCO

A propósito de Rufina, la criada de la casa, un día la sorprende Pepito en la cocina, con un dedo metido dentro de un vaso de agua.
—¿Qué estás haciendo? —le pregunta.
—Pues el caso es que ayer fui a ver al médico y me dijo que debo tomar baños. Y ya lo ves, Pepito; me estoy acostumbrando.

238.– BUENA PLATICA

—Me han dicho que querías hablarme —le dice Juliana a Pepito—. ¿Sobre qué?
—Pues quisiera hablar... sobre ti —contesta el muchacho bajando los ojos ruborosamente.

239.– EXAMENES

Nuestro buen amigo quiere estudiar Medicina y se presenta en el examen de ingreso ante el jurado calificador.
—Veamos —dice un profesor—. ¿A qué se llama trastornos de la circulación?
—A la ciudad de México a cualquier hora del día.
—Muy bien. ¿Qué es afrodisiaco?
—Una suegra en camisón y gorro de dormir.
—Bien contestado. ¿Qué es la amnesia?
—Una terrible enfermedad que ataca a los amigos a quienes les prestamos dinero.
—Correcto. ¿Qué son cálculos?
—Lo que acostumbra a hacer la gente esperando el sorteo de la Lotería.
—Exacto. ¿A qué se llama masaje?
—A lo que se prodiga mucho en los camiones.
—¿Y riñón flotante?

—Se llama así al riñón que sabe nadar.
—Estupendo. ¿Qué son anginas?
—Una enfermedad que nos produce el mismo efecto que algún amigote. ¡No se puede tragar!
—¿A qué se llama cura de altura?
—A cualquier obispo.
—¿Qué es la pubertad?
—La mejor edad de la mujer.
—¿Qué es la impotencia?
—El mal que aqueja a mi pobre abuelito.
—¿Qué se entiende por ronquido?
—Una cosa que se oye mucho en las conferencias.
—Veo que viene usted muy bien preparado. ¿A qué se llama pene?
—A la tercera persona del indicativo del verbo penar.
—¡Aprobado!

240.—MEDICINA PURA

—Amor es la embriaguez —dice Gilberto.
—El matrimonio es el dolor de cabeza a la mañana siguiente —añade René.
—Y el divorcio es la tableta de aspirina —sentencia Pepito.

241.—SORTIJA DE COMPROMISO

Tratando de conseguir el amor de la hija del zapatero de la esquina, Pepito le promete que, si lo acepta como novio, le regalará una sortija de oro con una perla estupenda.

Toribia, que tal es el poético nombre de la muchacha, le dice a su pretendiente que tendrá que pensarlo para el día siguiente darle la contestación.

Y como era de esperar, al día siguiente Toribia le da el "sí" a nuestro amiguito.

—¡Qué alegría me das, muñeca! —exclama Pepito loco de contento—. ¡Con qué ansia he estado esperando tu afirmativa contestación para poner la sortija en tu lindo dedito. ¡Toda la noche la pasé soñando que te la estaba metiendo!

242.—DEFINICION GASEOSA

A la hora de la comida, Pepito le pide a su mamá le dé un poco de agua de soda de la que ella está tomando; pero como no recuerda cómo se llama, le dice:

—Por favor, mamacita, dame un poco de agua de esa que sabe igual a cuando a uno se le duerme el pie.

243.—POCA CONSOLACION

Habiéndose muerto el esposo de la tía de su amigo Lorenzo, Pepito, siempre tan atento, se presenta en la casa para expresarle su condolencia. Y tratando de animar a la desconsolada viudita, le dice triste y compungido:

—Si usted me lo permite, señora, yo pasaré alguna tarde, al salir del colegio, para consolarla en lo que pueda.

—Te lo agradezco mucho, Pepito, pero eres todavía un niño y el hueco que dejó mi marido no serías tú capaz de llenarlo.

244.—¿CONFIESAS O PRESUMES?

Como buen cristiano que es, Pepito va a confesarse.

—Acúsome, padrecito, que tengo ciertas clases de relaciones "non santas" con la criada y la cocinera de mi casa. También paso mis buenos ratos con mi prima Leonor y la hija de la portera. Y por si esto fuera poco, me dedico a hacer ciertas exploraciones en lugares recónditos de mis amiguitas Lucrecia, Juliana, Eulogia, Marta, Mercedes...

—¡Basta! ¡Basta ya, inmundo pecador! ¡No tienes perdón de Dios! —exclama el buen padre escandalizado. Y cambiando de pronto su voz exaltada por una inesperada y fingida tranquilidad, le pregunta: —Pero bueno, hijo mío. ¿Tú has venido aquí a confesarte o a presumir?

245.—FIESTA RESERVADA

Aunque es un domingo, día del Señor, Rufina, la criada, está trabajando como cualquier día de la semana.

—¿Es que tú no guardas las fiestas? —le pregunta Pepito.

—Las fiestas las guardo yo para tu papá —contesta.

246.—EXTRAVIO DE LETRAS

Leonor, la prima de Pepito, tuvo cierto desliz con su novio y un día, al verla Pepito, la saludó simplemente llamándola "Le".

—Yo no me llamo "Le", sino Leonor —le reconvino la chica.

—Pues ayer oí decir a mi mamá que habías perdido las últimas cuatro letras de tu nombre.

247.—TOCADOR DE SEÑORAS

En una fiesta que se daba en cierto club y en la cual se encontraba Pepito, viendo en él su cara de inocencia, exenta de toda picardía, una señora se acercó al muchacho y, un poquito cohibida, se atrevió a preguntarle:
—Por favor, amiguito, ¿quieres decirme dónde está el tocador de señoras?

Y Pepito, atento como siempre, le contestó señalándose el pecho con un dedo:
—El tocador de señoras, soy yo.

248.—ORIGEN DE UNA RIQUEZA

—¿Por qué son tan ricos los papás de nuestro amigo René? —le preguntaba Gilberto a Pepito.
—Tengo entendido que esa riqueza la heredaron de uno de sus antepasados que se hizo millonario vendiendo taparrabos —contesta.
—¿Se hizo millonario sólo vendiendo taparrabos?
—De veras. Lo que pasó es que vendía taparrabos, pero con un negro dentro.

249.—SOCIEDAD ANONIMA

—¿Tú sabes qué es una sociedad anónima? —le pregunta la profesora a Pepito.
—Debe ser una sociedad que escribe las cartas sin firmar responde el niño.

250.—SUERTE LOCA

—¿Sabes, mamá? La otra tarde oí que platicaban el vecino de arriba y el portero y éste le decía a aquél que apostaba cien pesos a que su mujer, la portera, lo engañaba.

—¡Qué apuesta tan tonta! Tú no deberías meterte en esas conversaciones. Pero... pero... ¿cuál ha sido el resultado?

—Esta mañana se lo he preguntado al portero y éste me ha dicho: "¡Tuve una suerte loca, Pepito! ¡Gané la apuesta!"

251.—LA FUERZA DE LA COSTUMBRE

La mamá de Pepito le dice en cierta ocasión al portero de la casa:

—Me han dicho que usted vive de las apuestas.

—¡Le apuesto a usted veinte pesos a que eso es mentira!, exclama el portero.

252.—VESTIDO DE UNA PIEZA

Yendo por la calle, Pepito ve a una mujer que lleva la falda muy levantada por la parte delantera, debido a que su vientre le abulta mucho, tal vez por haber comido demasiado.

—Su vestido le viene muy corto por delante, señora —le dice.

—Pues no será por falta de tela, porque te aseguro que entró toda la pieza.

253.—CADA QUIEN A SU GUSTO

—¿Qué cosa es que por vosotras se alarga, se encoge, se vuelve a alargar y se vuelve a acortar? —pregunta Pepito a Lucrecia.

—¡Qué desvergonzado eres! —le dice su amiguita ruborosa.

—¿No lo sabes? Pues es la falda, que vosotras alargáis o acortáis a vuestra voluntad.

254.—VIUDA RESIGNADA

—¿De dónde vienes, Pepito, llevando esa corbata negra? —le pregunta su hermana Dorita.
—De darle el pésame a doña Tiburcia, quien acaba de quedar viuda por la muerte de su marido.
—¡Qué tontería! Claro está que al morirse su esposo, la buena señora se quedó viuda. ¿Y qué le dijiste?
—Tenga resignación y tranquilícese, doña Tiburcia. ¿Y sabes qué me contestó?
—Lo sabré cuando me lo digas.
—Muchas gracias, Pepito, pero no te preocupes al verme deshecha en llanto como una Magdalena. Yo lloro por cualquier insignificancia.

255.—EQUIVOCACION RECONOCIDA

—¿Quién era, señor profesor, aquella señora con quien usted iba ayer por la calle? ¡Qué mujer tan fea!
—Era mi esposa, Pepito.
—¡Oh! ¡Perdone mi equivocación, señor profesor!
—No tengo por qué perdonarte, querido discípulo. La equivocación fue mía.

256.—ESTABAN REÑIDOS

La criada recibe una carta de su pueblo y, como no sabe leer, acude a Pepito para que se la lea.

Este rasga el sobre y saca una hoja de papel en blanco.

—¿Qué significa esto? Aquí no hay nada escrito —le dice.
—Entonces debe ser de mi novio, porque cuando me vine del pueblo a servir aquí, teníamos ocho días que no nos hablábamos.

257.—CARNAVAL EN VERACRUZ

Un señor veracruzano, a quien a consecuencia de un accidente le cortaron una pierna y lleva una pata de palo, platica con el papá de Pepito:

—Este año, como todos los anteriores en que aún tenía mis dos piernas, quiero ir al Carnaval de mi tierra y, la verdad, no sé de qué disfrazarme.

—Podrías disfrazarte de pirata —le aconseja el papá de Pepito—. Así, con tu pata de palo, parecerías el cojo Silver, el siniestro personaje de "La isla del tesoro".

—Eso tenía pensado, pero resulta muy caro el alquiler del traje —se lamenta el jarocho.

—Entonces puedes disfrazarte de abate francés y como la sotana es muy larga, no se te vería tu defecto.

—Sí, eso también estaría bien, pero piden mucho por un traje de abate.

Pepito, que se halla presente en la conversación, interviene:

—Si usted me permite, señor, yo puedo sugerirle una buena idea.

—¡A ver! ¡A ver! Venga esa idea que supongo habrá de ser genial.

—En primer lugar va usted a la tienda de abarrotes de la esquina...

—Ahí no alquilan disfraces, Pepito.

—Déjame terminar. Va usted a la tienda, compra diez pesos de chocolate, se va a su casa, lo pone a hervir en una olla, se desnuda completamente, toma una brocha y se embarra todo el cuerpo con el chocolate. Se quita la pata de palo que lleva, se la mete ahí, donde usted sabe, y quedará disfrazado de paleta.

258.—DESENGAÑO

Pepito sale de excursión con su amiga Margarita, algunos años mayor que él, y de pronto le dice el muchacho:

—¡Qué ganas tengo de que lleguemos a aquel bosque que se ve frente a nosotros!

—¡Ah, picarón! ¿Para qué quieres llegar al bosque? —pregunta la joven, suponiéndose algo bueno.

—Para quitarme los zapatos, que me están haciendo ver las estrellas.

259.—CADA QUIEN CON SUS GUSTOS

Enriqueta, novia de turno de Pepito, se está arreglando para acudir a la cita que tiene con éste, quien le ha invitado para ir al cine.

—No te apresures tanto en componerte, hija mía —le dice su madre—. Seguramente llegarás a la cita antes que tu novio.

—Sí, a él le gusta mucho que le cojan la delantera.

260.—FATIGA

Pepito ha estado casi toda la tarde metido en el cuarto de la criada... platicando con ella.

—¿No te atreves a dar otro? —le pregunta la "gata".

—Me canso.

—¡Pues ándale, nenito!

—¿No te digo que me canso?

261.—SOLO ASI SE VIVE

—¿Qué hace tu papá para vivir? —le pregunta a Pepito una vecina muy envidiosa, viendo lo bien que lo pasan en su casa.

—Comer —responde el chamaco.

262.—CON LA CABEZA ALTA

Doña Teresa, desgraciada viuda, pero muy agraciada señora, se lamentaba ante la mamá de Pepito del fallecimiento de su esposo; y decía llorosa y compungida:

—¡Ay, si mi buen Cornelio levantara la cabeza y viera el gran dolor que siento!

A lo que Pepito, presente en la conversación, le dice con la mayor inocencia:

—No se apene, señora, que seguramente bastante se la levantó usted en vida.

263.—CONSULTA RADICAL

Pepito entra en una farmacia y muy decidido le pregunta al encargado:

—¿Hay alguna forma de tomar el aceite de ricino sin que uno llegue a notar su empalagoso y desagradable sabor?

—¡Cómo no, muchachito! Acaba de salir al mercado un nuevo método para tomarlo, que neutraliza su sabor y olor tan verdaderamente desagradables. Aguarda un tantito.

Al poco rato regresa el encargado de la trastienda, ofreciendo a Pepito un refresco.

—Tómate esto mientras mi ayudante te prepara el aceite.

Pepito se toma en dos sorbos el contenido del vaso, que encuentra sabrosísimo y además refrescante.

—¿Qué te ha parecido? —le pregunta sonriendo—. ¿Te supo bien la purga de aceite de ricino que acabas de tomarte?

—¡Boticario desgraciado! —exclama Pepito indignadísimo—. ¡La purga no era para mí, sino para mi hermana!

264.—PERRO INTELIGENTE

"Firuláis", el perro de Pepito, hace ya dos días que no quiere comer nada y el niño está muy triste sólo de pensar que se le pueda morir de un momento a otro.

Sabiendo que don Pascual, el abarrotero, entiende mucho de veterinaria, acude a él contándole el caso.

—Eso no tiene importancia, chico —le dice—. Lo que con toda seguridad tiene tu perro es que está empachado y lo que necesita es una buena dosis de sal de higuera, que es lo mejor para los animales.

—Pero es que mi "Firuláis" es muy abusado y cuando huele que vamos a purgarlo, corre a esconderse y no lo encontramos por más que busquemos por todos los rincones de la casa.

—En tal caso recurre a esta estratagema: Metes la purga en un tubo, le abres la boca al animal, se lo metes y soplas con toda tu fuerza. Así no tendrá más remedio que tragársela.

Al día siguiente, Pepito regresa a ver a don Pascual. El pobre niño está pálido y apenas se aguanta parado.

—¿Verdad ue dio resultado la purga? —le pregunta el hombre.

—Sí... señor la sal de higuera hizo su efecto...

—¿No te decía yo?...

—Lo malo fue que al meterle el tubo en la boca, fue el perro el que sopló primero.

265.—TANTO TIENES, TANTO VALES

Regresando del colegio, Vicente y Pepito ven a un señor que anda por la calle con la cabeza baja, el traje hecho jirones y una cara de hambre que asusta.

—Mira ahí al bueno de don Valentín —dice Vicente—. El pobre no tiene amigos ni dinero.

—¡Claro está! —responde Pepito—. Si el hombre no tiene dinero, ¿cómo quieres que tenga amigos?

266.—CUIDADO CON LA HUMEDAD

Esperancita y Pepito, ya "novios formales", van por el campo y de pronto le propone el chico:

—¿Quieres que nos sentemos a descansar un rato sobre el verde pasto?

—No, Pepito —le contesta la chica—, porque el pasto está muy húmedo y el frío en la espalda me perjudica mucho.

267.—INTELIGENCIA PATERNAL

—¡Qué inteligentes son los padres! —decía Pepito a René.

—¡Vaya que lo son, amigo! Hasta hay algunos que saben más que nosotros. ¿Por qué lo dices?

—Porque hoy oí cómo papá platicaba con mamita diciéndole: "Con los niños sucede lo que con los mosquitos: cuando se deja de oírlos es cuando hay que desconfiar de ellos".

268.—LUGAR APROPIADO

Estando en el cine, Enriqueta le dice a Pepito:

—No intentes besarme ni tocarme, porque gritaré.

—Con tanta gente como nos rodea, no creo que te atrevas a hacerlo —manifiesta el chico.

—Entonces salgamos de aquí y busquemos un lugar menos concurrido.

269.—¡POBRE PROFESOR!

El profesor le pregunta a Pepito:
—¿Cómo llamamos al hombre que siempre pregunta y habla y habla sin que nadie le preste la menor atención?
—Le llamamos profesor, señor profesor.

270.—OCURRIO EN EL ELEVADOR

El elevador está tan lleno de personas, que tal parecen sardinas en lata. De pronto se oye el grito de una señora y a continuación una sonora bofetada.
—¡Es usted un indecente! ¡Mal educado! ¡Grosero! —grita la dama a un caballero que está junto a ella.
—¡Está en un error, señora! ¡Yo no he hecho nada para que usted me afrente de tal modo! —exclama el hombre, más colorado que un jitomate.
El elevador se detiene en un piso y ahí bajan Pepito y su hermana Dorita.
—Qué señora tan ordinaria, ¿verdad? —le dice el niño—. Ahora me alegro de haberle dado un buen pellizco en las nalgas cuando ella me pisó un pie.

271.—DIFERENCIA AL REVES

—¿Sabes cuál es la diferencia entre la mujer y la radio? —pregunta el sinvergüenzón de **Pepito a Gilberto**.
—Pues... no lo sé; me doy.
—En que la radio se enchufa, se calienta y se toca, y la mujer, al revés.

272.—LA HORA DEL REPARTO

Pepito le propone a su ex novia Esperancita:
—Voy a sugerirte una cosa. Ya que hemos ter-

minado nuestras relaciones, me corresponde devolverte el reloj de pulso que me regalaste el día de mi santo; pero yo creo que será mejor que lo vendamos y nos repartamos el dinero entre los dos.

273.—PROHIBIDO BAÑARSE

Dos estupendas muchachas que veranean en un pueblecito, se van al riachuelo que pasa por el lugar, dispuestas a darse un buen baño que refresque su ardoroso cuerpo.

Casualmente, a pocos pasos de ellas, oculto detrás de unas matas, se halla Pepito que pasa sus vacaciones en el mismo pueblo, y contempla a las jóvenes cómo se despojan de sus vestidos hasta quedarse en traje de Eva en pleno otoño, esto es, después de la caída de la hoja.

Cuando las dos Venus se disponen a zambullirse en el agua, Pepito, quien ya se ha dado una buena ración de vista, aparece de súbito ante ellas, advirtiéndoles:

—Señoritas: sin duda no se han dado cuenta de ese cartel que prohibe bañarse en este lugar.

—¡Vaya mocoso sinvergüenza! —exclama una de las jóvenes—. ¿Y por qué no nos advirtió antes de desnudarnos?

—Sencillamente, porque desnudarse no está prohibido.

274.—DOBLE DESGRACIA

—Macrina y Macrovio, que apenas ayer se casaron, han sufrido un grave accidente cuando se dirigian en viaje de luna de miel a Acapulco —decía la mamá de Pepito a su esposo.

—Lo cual viene a demostrar que las desgracias nunca vienen solas —sentencia Pepito.

275.—RECTIFICACION

Pepito se encuentra en la calle a doña Sofía y después de saludarla muy atentamente, le pregunta:
—¿Y su esposo sigue...? —pero de pronto recuerda que el buen señor acaba de dejarla viuda y trata de arreglar su metedura de pata, rectificando—: ...sigue mucho como cualquier difunto, ¿no?

276.—¿SE PODRA DISTINGUIR?

Estando en el cine, Pepito siente inesperados retortijones de vientre y se dirige al correspondiente departamento para caballeros a evacuar... una diligencia. Pero como el único asiento que hay está ocupado por un individuo que por lo visto se dedica a hacer reata, Pepito, que ya no aguanta más, se pasa al reservado para señoras y allí descarga tranquilamente... su conciencia.

Pero en el momento que sale, se topa con su hermana Dorita que se dispone también a hacer lo suyo y ésta le increpa por su atrevimiento:
—¿Por qué entraste ahí? ¿Acaso no has leído en la puerta ese letrero que dice "Damas"? Si se llega a dar cuenta el inspector del cine de lo que acabas de hacer, es capaz de hacerte detener por un policía.
—¿Pero cómo va a saberlo, hermanita? ¿Tú crees que lo que yo acabo de dejar ahí pueda distinguirse si es de dama o de caballero?

277.—CLASE DE GEOGRAFIA

—Vamos a ver, Pepito: ¿cuáles son las cinco partes del mundo —le pregunta a éste la profesora.
—Las cuatro partes del mundo son tres: América y Europa —contesta el niño con toda decisión.

111

278.—JURAMENTO CREIDO

—Te juro, Cuquita, que tú eres mi primer amor.
—Te creo, Pepito.
—¡Gracias a Dios que por fin encuentro una niña que me lo cree!

279.—DE PADRE REVOLUCIONARIO

Rufina, la criada de la casa, enseña a Pepito algunas fotografías familiares y le va explicando a quienes corresponden.

—Esta es de mi tía Romualda, que ejerce de partera en el pueblo. Esta, de mi prima Escolástica, a la que llamamos "La Tuerta", porque le falta un ojo. Esta soy yo cuando era pequeña.

—¡Cómo es posible! ¡No tienes nada de pelo en la cabeza!

—¡Calla, tonto! ¿No te das cuenta de que estás mirando la foto al revés?... Este retrato es de mi madre cuando era soltera y la que está a su lado soy yo...

—¿Y no tienes alguna foto de tu padre?

—Aquí la tienes —dice la criada mostrándole una, en la que aparece un grupo de rancherotes armados.

—Bien, pero... ¿cuál de todos éstos es tu padre?

—¡Pues quién sabe! Estos revolucionarios asaltaron un día el rancho en que estaba mi madre y violaron a todas las mujeres, tanto viejas como jóvenes. Ella recogió del suelo este retrato que alguno de esos desalmados perdería en la trifulca y cuando yo le preguntaba quién de ellos era mi padre, siempre me contestaba encogiéndose de hombros: "Escoge el que más te guste para papá, porque yo en la bola ni me fijé cuál de esos pelados podía haber sido".

280.—ES MEJOR EL TERREMOTO

La casa de Pepito ha sufrido algunas cuarteaduras a consecuencia del último sismo y sus papás lo envían a Puebla, con su tía Elvira, mientras reparan el edificio.

Tres días más tarde, reciben el siguiente telegrama:

"Les devuelvo a Pepito por avión. Mejor mándenme el sismo".

281.—BUEN TRUCO

—No me explico cómo has ganado el primer premio en el concurso de canto que acaba de celebrarse en el canal 2 —le dice Vicente a Pepito—. Nunca he oído una voz tan desafinada como la tuya.

—La cosa fue sencillísima —explica Pepito—. La aprobación o no de los miembros del jurado, consistía en permanecer sentados cuando un concursante cantaba y no gustaba su voz, y en ponerse todos en pie cuando lo consideraban digno de ganar el premio. Habiendo suspendido a muchos de los futuros Caruso, se me ocurrió cantar el Himno Nacional y como tuvieron que pararse todos, gané el concurso de canto.

282.—NOS VEMOS EN ACAPULCO

—¿A dónde iréis este año de vacaciones? —le pregunta Pepito a Cuquita.

—No lo sé todavía —contesta la niña—. Mi papá dice que iremos a Veracruz, pero mi mamá quiere ir a Acapulco.

—Entonces tendré mucho gusto de verte en Acapulco.

283.—FALTA DE PERISCOPIO

Pepito y otros amiguitos juegan en la playa a los submarinos y su amiguita Juliana, llorosa, se queja ante la mamá del niño.

—Pepito no quiere que juegue con ellos a los submarinos —le dice.

—¡Ven aquí, condenado muchacho! —le grita su madre— ¿Por qué no permites que Juliana juegue con vosotros?

—Porque ella no tiene periscopio.

284.—¡POBRE BOTICARIO!

A don Hilarión, el boticario, se le acaba de morir su mujer y el hombre está desconsoladísimo. Pepito va a darle el pésame y lo encuentra llorando amargamente detrás del mostrador.

—¡Ay, mi pobre Sinforosa! —exclama—. ¡Tan buena como era!

—Es verdad, don Hilarión, pero debe consolarse —le dice Pepito.

—¡Ay, mi pobre Sinforosa! ¡Tan trabajadora como era!

—Es verdad, don Hilarión.

—¡Ay, mi pobre Sinforosa! ¡Y tan caritativa!

—Es verdad, don Hilarión.

—¡Ay, mi pobre Sinforosa! ¡Ella fue querida de todos!

—Eso es más verdad, don Hilarión.

285.—PROHIBIDA LA EXPORTACION

—¿Ya sabes, Pepito, que la próxima semana me voy a ir a Nueva York? —le decía a éste doña Ursula, la vieja solterona y siempre tan pintarrajeada.

—No creo que le den permiso de salida del país —le advierte el muchacho.
—¿Y eso por qué?
—Porque el Gobierno tiene prohibida la exportación de antigüedades y pinturas arcaicas.

286.— PERDIDA DE MEMORIA

—La otra noche que fui a un baile, regresé a mi casa a las tres de la madrugada y mi mamá me propinó una paliza tremenda —le cuenta Cuquita a Pepito—. ¿Tú crees que hice algo malo?
—¡Pues quién sabe! —le contesta éste—. Tú trata de recordar.

287.— ¡SI SE DESCUIDA!...

Pepito viaja en compañía de su tía Inocencia y como ésta siente una terrible sed, le ruega a su sobrino vaya al lavabo y le traiga un vaso de agua. Pero Pepito se resiste a obedecer puesto que está muy distraído sentado junto a la ventanilla viendo desfilar el paisaje.

Al ver que sus ruegos y aun amenazas son inútiles, la tía se levanta y se dirige al lavabo en busca del agua y un cuarto de hora después regresa a su asiento despeinada e indignadísima.

—¿Ves lo que me ha pasado por tu culpa? —le dice—. Entré al lavabo, que por cierto estaba abierto, y resulta que allí había un rancherote muy fuerte y quieras o no, el caso es que cerró la puerta por dentro y... bueno... no quieras figurarte lo que me pasó.

—¡Pues vaya suerte que yo tuve! —exclama Pepito—. Mira que si llego a ir yo por el agua...

288.—NO VALIA LA PENA

—Vengo a darle las gracias por el regalo que me hizo el día de mi santo, don Homóbono.

—¡Ba! Es un obsequio que no vale la pena, Pepito.

—Eso mismo me dijeron mis papás, pero de todos modos yo he querido venir a darle las gracias.

289.—¿LO HABRA ENTENDIDO?

—¡Mira, mamá! ¡Ese caballo se le parece mucho a don Simeón, nuestro casero!

—¿Cómo puedes decir semejante cosa, Pepito?

—¿Acaso crees que me habrá entendido el caballo?

290.—NO CONFUNDIR EL GARAJE

Los Santos Reyes le han traído a Pepito una bicicleta (para que la gente vaya diciendo por ahí que Pepito no es un niño bueno) y su amiguito René cada tarde se la pide prestada para pasearse por las calles de la colonia, presumiendo ante las muchachas. Y así Pepito, incapaz de darle un desaire, accede a prestársela, quedándose él en la casa sin poder divertirse.

Hasta que un día, aconsejado por sus cuates Vicente y Gilberto, se decide a cortar por lo sano y le dice a la criada:

—Mira, Rufina; si viene René a pedir la bicicleta, le haces saber que ya no quiero prestársela, ya que los Santos Reyes me la trajeron a mí. ¡Ah! Y de paso le dices que mi c... no es garaje.

—¡Se va a enojar si le digo esa grosería, Pepito!

—Haz lo que te mando, Rufina, porque ya verás que cuando tú le digas que no se la presto, él te contestará que me la meta por ese lugar. ¡Y mi c... no es ningún garaje!

291.—APRENDIENDO EL LATIN

—Señorita profesora, yo quisiera que usted me enseñara el latín.
—¡Qué dices, Pepito! El latín se considera ya como una lengua muerta.
—Precisamente por eso, ya que cuando yo sea mayor, quiero ser empresario de pompas fúnebres.

292.—AMOR CON ARTRITIS

—El marido de doña Sinforosa no sale de la casa desde hace casi un año —le dice el papá de Pepito a su mujer.
—A eso le llamo yo amor verdadero.
—Pues el doctor que le atiende le llama artritis —arguye Pepito.

293.—¿Y EL CAFE, QUE?

Pepito viaja en avión a Monterrey, donde pasará unos días con su tía Remedios, cuando en el departamento de pasajeros se escucha lo siguiente a través de los altavoces:
"Lo que más desearía ahora es tomar una taza de café y tener junto a mí una muchacha estupenda".
Tal petición hacía desde la cabina de mando el piloto a un compañero, sin darse cuenta de que estaba abierto el micrófono por el que se dan instrucciones a los viajeros. La consternación entre éstos fue enorme al oír estas manifestaciones, y de haberse tratado de un autobús en vez de un avión, algunas señoras habrían pedido esquina para apearse inmediatamente.
La aeromoza, roja como un pimiento, corre por el pasillo hacia la cabina para advertir al piloto, y al pasar junto a Pepito éste trata de detenerla diciéndole:
—¡Se le olvida la taza de café, señorita!

294.—¡VAYA BRAGUETA!

Estando de vacaciones en el pueblo de Rufina, la criada de la casa, Pepito ve al cura del lugar llevando su negra sotana, toda abotonada desde el cuello hasta los pies, y dirigiéndose a la muchacha, le pregunta:

—Oye, Rufina, ¿tú crees que todo eso sea bragueta?

295.—PERRO AJEDRECISTA

—Mi perro "Firuláis" juega ajedrez.
—¡Es maravilloso, Pepito!
—¿Maravilloso? ¡Bah! Si vieras qué tonto es... cada piez partidas, le gano ocho o nueve.

296.—POR METER EL DEDO

Siempre que Pepito tiene vacaciones en el colegio, sus papás le procuran algún trabajo para que, a la vez que se gana sus buenos pesitos, no vaya por esas calles cometiendo diabluras.

Estando ahora empleado como ayudante en una salchichonería, cierta tarde llega Pepito a su casa con el dedo índice de la mano derecha completamente vendado.

—¡Dios mío! ¿Qué te ha pasado en el dedo? —grita su mamá asustadísima al verle.

—Que metí el dedo en la rebanadora —contesta el muchacho—. Y por si esto fuera poco, el dueño me ha despedido.

—¡No hay derecho a eso! ¡La culpa fue de la rebanadora!

—A ella también la han despedido.

297.—AJUSTICIAMIENTO

—¡Ay, Pepito! —exclama sollozante la cocinera—. Voy a tener que pedir permiso a tus papás para marcharme al pueblo, porque el sábado entierran a mi primo Catarino.

—¡Qué extraño! Si hoy apenas es lunes, ¿Cómo es posible que tarden tanto en enterrarlo? —le pregunta el muchacho.

—El caso es que Catarino todavía no se ha muerto.

—¡Esta sí que es buena! ¿Y cómo sabes que se va a morir el viernes para que lo entierren el sábado?

—Así se lo han asegurado al pobre de mi primo.

—¡Es curioso! Me gustaría conocer a ese médico que diagnostica la muerte con tantos días de anticipación.

—Pero el caso es que no se trata de un médico, Pepito, sino de un juez.

298.—LA FLOR, TAL VEZ; EL FRUTO ES LO MALO

Hallándose platicando a solas Pepito con su prima Mercedes, éste se acerca a ella y le dice al oído ciertas palabras como en secreto.

—¡Qué desvergüenza la tuya! —exclama la joven indignada, apartándose de él como de un demonio—. ¡Pedirme que sin más ni más te entregue la flor más pura y sagrada de mi vergel!

Hallándose platicando a solas Pepito con su prima Mercedes, éste se acerca a ella y le dice al oído cosas como en secreto.

—¡Qué desvergüenza la tuya! —exclama la joven indignada, apartándose de él como de un demonio—.

¡Pedirme que sin más ni más te entregue la flor más pura y sagrada de mi vergel!

—Bueno, no te acalores, Merceditas —le dice ahora Pepito, tratando de apaciguarla—. Yo pensé que, como me quieres mucho, tal vez no temerías darme tu flor; lo que tú más temerías sería al fruto.

299.—¡QUE MAS QUISIERA TU PADRE!

Pasando por el campo en compañía de su papá, Pepito ve un burrito al que le cuelga cierta cosa de la barriga.

—¿Qué es eso que tiene el burro, papá? —le pregunta.

—Es una tripa que se le ha salido. Sin duda el pobre animal está enfermo —le contesta el padre.

Unos días después, yendo ahora con su mamá, ven al mismo burro con su tripa fuera y Pepito le dice:

—Mira, mamacita; ese colgajo que tiene el animalito quiere decir que está enfermo, según me dijo la otra tarde papá.

A lo que la señora, obligándole a su hijo a apretar el paso para alejarle de tal espectáculo, exclama:

—¡Ya quisiera tu padre tener la cuarta parte de salud que tiene el burrito!

300.—ESPOSA SOLTERA

—¿Cómo está usted, don Pascual? ¿Y qué tal su señora?

—¡Si yo no soy casado, Pepito!

—¡Ah! ¿Entonces su esposa sigue soltera?

301.—¿PUES QUE SE CREEN ESOS?

Uno de nuestros queridos "primos" del Norte, le presumía a Pepito que allá en su país todo era más grande que lo que había en México: los parques, el estadio, los rascacielos... hasta que habiéndole acompañado a ver el Museo de Historia, se detuvieron ante el famoso Calendario Azteca y entonces nuestro amiguito le dijo. en venganza a su presunción:

—¿Ve usted, míster, esa piedrota? Pues sencillamente se trata de un cálculo biliar de nuestro gran Cuauhtémoc.

302.—GRAN EXPLOSION

—¿Si sigues comiendo más pastel vas a estallar como una bomba! —le advierte a Pepito su mamá.
—Pues entonces dame un trozo más y apártate de mi lado —contesta el chico.

303.—TODOS ESTAN HARTOS

—Corre la voz por ahí de que en vuestra casa, a pesar del dinero que tenéis, se pasa hambre —le dice Vicente a Pepito.
—¿Hambre en mi casa? —exclama el niño indignado—. En mi casa todo el mundo está harto: Papá está harto de mi mamá, mi mamá está harta de mí, yo estoy harto de la criada y la criada está harta del perro que le ensucia los suelos.

304.—POR TI SERE, POR TI SERE

—Papa, yo quiero ser marinero.
—¿Por qué, Pepito?
—Porque la profesora nos ha dicho que el hombre está en la tierra para trabajar. Y siendo yo marinero...

305.- VIAJE A LA GLORIA

Pepito, sus papás y otras personas rodean el lecho de dolor del señor Alejandro, el vecino de arriba, quien está a punto de emprender su viaje al otro mundo. Su esposa, la señora Aniceta, arrodillada junto a la cabecera de la cama, llora en silencio ante el fatal desenlace que todos esperan.

De pronto, el buen señor comienza a balbucear en medio de su desvarío:

—Ya veo el cielo... Ya oigo el coro de los ángeles que me reciben... Ahora... ya estoy en la gloria...

Pero Pepito le interrumpe:

—No crea que ya está usted en la gloria, señor Alejandro. Aquí a su lado todavía tiene a su mujer.

306.- CULTIVO DE FRESAS

El tío Herminio cultiva en sus ratos de ocio un pequeño huerto que tiene en la casa y cierta tarde va Pepito a visitarle.

—¿Qué le pones a esos rosales que crecen tan hermosos? —le pregunta.

—Posos de café. Es lo más indicado para las flores —le contesta el tío.

—¿Y qué le pones a esas fresas que se ven tan coloraditas?

—Estiércol.

—¡Qué cochinote eres, tío Herminio! En casa nosotros les ponemos azúcar.

307.- O TAREA O CANTO

—Pepito, te he dicho mil veces que no cantes mientras haces las tareas del colegio.

—¡Pero si sólo canto, mamá!

308.—POR DORMIRSE

Como se le han pegado las sábanas, Pepito corre hacia el colegio mientras va rezando por la calle:

—Dame fuerzas, Señor, para seguir corriendo... La profesora me castigará si llego muy tarde... Ayúdame, Dios mío... Dame fuerzas para que pueda llegar a tiempo...

Y como mientras va corriendo eleva suplicante sus ojos al cielo, tropieza con una piedra, midiendo el suelo con sus costillas. Pero al punto se levanta y sigue corriendo, murmurando:

—Gracias, Señor... pero no era necesario que me empujaras tan fuerte.

309.—PAÑUELO CARISIMO

Un pobre mendicante tiende su mano a Pepito, rogándole con voz compungida:

—Por favor, jovencito, ayúdeme con una limosna de treinta pesos. ¡No puede usted figurarse las lágrimas que enjugará con ellos!

—No lo pongo en duda, pero, la verdad, yo no puedo permitirme el lujo de gastar pañuelos de tanto precio —contesta Pepito.

310.—BUSCANDO CONSONANTE

—Quiero hacerle un verso a mi novia y estoy tan poco inspirado que no encuentro una consonante a chamaca —le decía Vicente a Pepito.

—¿Buscas una consonante a chamaca? Pues... caca.

—¡Justo! ¡Eso es! ¡Caca! ¡Pues si te dijera que hace un rato que la tenía en la punta de la lengua!...

311.—BIENAVENTURADOS LOS POBRES

—Mamacita linda, ¿cuánto dinero le pagaste a la cigüeña cuando me trajo de París?
—Pues... veinte mil pesos, Pepito.
—Cómo se ve que somos ricos, ¿verdad? En cambio hoy me decía Panchita, la hija de la portera, que como ellos son muy pobres, los niños en su casa los hace papá.

312.—¿DONDE ESTAN LOS COLORES?

—¡Qué pálida estás! ¿Qué has hecho de tus preciosos colores? —le pregunta la tía Incencia a Dorita, la hermana de Pepito.
—No te alarmes, tiíta —interviene el niño—. Los tiene en su recámara, encima del tocador.

313.—CERRADO POR DEFUNCION

—Esta mañana se murió el señor Cirión, el dueño de la funeraria —le dice el portero a Pepito.
—Ya lo sabía —responde éste—. Precisamente ahora, al regresar del colegio, acabo de ver en la puerta del establecimiento un cartel que dice: "Cerrado por defunción".

314.—¡CARAY CON EL CLERO!

Pasando por la calle, Pepito ve en la puerta de una casa una placa que dice: "Doctor R. Lajo, especialista en enfermedades secretas. De cada cien clientes, noventa y cinco curas".
Y prosiguiendo su camino, nuestro amiguito comenta:
—¡Caray, cómo está el clero!

315.—PROHIBIDA LA ENTRADA

—Después de diez años de casados, la señora de Mínguez tuvo ayer su primer hijo. Y eso que varios doctores, de los más competentes en la materia, siempre le habían asegurado que jamás podría ser madre —le dice Vicente a Pepito.

—Según oí hablar a mis papás hace unos meses, el señor Mínguez les explicaba que estaba dispuesto a divorciarse porque su esposa no le daba ningún hijo, pero, como última tentativa para conseguirlo, fueron a visitar a un doctor, recién llegado del Lejano Oriente quien, después de varios exámenes y análisis, diagnosticó que el organismo de la señora creaba unos anticuerpos que contrarrestaban el poder de los espermatozoides, por lo cual era imposible la concepción. No obstante, basándose en la nueva técnica del famoso doctor japonés Tafoco Tuoyito, podría dar un buen resultado que la mujer pudiera llegar a concebir sorprendiéndola en un momento de distracción, esto es, cuando menos ella lo pensara, ya que de este modo su organismo no tendría tiempo de crear los anticuerpos y así tal vez pudiera realizarse la concepción al tener toda su efectividad los corpúsculos masculinos.

—¡Hablas como un libro abierto!

—El caso fue que en una ocasión en que el matrimonio se hallaba merendando en Sanborns, le cayó a la señora una cucharilla y al disponerse a recogerla del suelo, se levantó de la silla adoptando cierta postura muy insinuante y provocativa, ofreciendo a la mirada libidinosa de su esposo su bien torneada parte posterior saliente, momento éste que aprovechó el buen señor para levantarle la falda y allí mismo, sin recato alguno, proceder... como se acostumbra a proceder.

—Pues por lo visto, el sistema de ese doctor japonés dio resultado.
—En efecto; la llegada de ese hijo que acaba de tener, es una manifestación patente. Lo que pasa es que, desde aquel día, ya no les permiten entrar en Sanborns.

316.—LA ULTIMA PALABRA

—Cuando mis papás discuten entre ellos en la casa, es papá quien siempre dice la última palabra —le cuenta Pepito a René.
—¿Y qué le dice?
—Lo que tú mandes, vida.

317.—EL TESORO DE LA JUVENTUD

Pepito se acerca a un grupo de niñas, compañeras del colegio, y les dice:
—¿Queréis tomar parte en el sorteo, niñas? Voy a rifar entre todas "El Tesoro de la Juventud", pero forrado en piel.
—¡Queremos verlo! ¡Enséñanoslo! —exclaman.
Pepito se desabotona cierta prenda de su traje y...
—¡Descarado! ¡Cochino! —gritan, huyendo cada una por su lado y dejándolo solo.

318.—HIERRO Y ORO

—Vamos a ver, Pepito: ¿qué le pasa a un trozo de hierro si lo exponemos a la intemperie?
—Pues que se oxida, señorita profesora.
—Muy bien. ¿Y a un pedazo de oro?
—Que desaparece.

319.—POR MENTIROSO

En compañía de su primo Juan, Pepito va por primera vez al Hipódromo de las Américas, invitándole aquél a que apueste a alguno de los caballos que van a correr, pero nuestro amiguito se resiste a ello alegando que él no entiende de esas cosas y no sabe por cuál número apostar.

—Vamos a ver —le dice su primo—. ¿Cuántos botones tienes en tu saco?

—Tres delante y dos en cada manga hacen siete —contesta Pepito.

—Pues bien, apuesta al número siete y veremos qué tal resulta.

Aunque a regañadientes, Pepito saca los únicos diez pesos que lleva y los apuesta al caballo siete. ¡Y es el siete el que llega primero a la meta, ganando la carrera!

Animado por el montón de pesos que recibe, Pepito quiere volver a apostar y le pregunta a Juan a qué número debe hacerlo.

—¿Cuántos hermanos tienes?

—Dos: Dorita, que es la mayor y Lupita, la pequeña.

—¡Pues ándale al dos!

¡Y pácatelas! ¡El número dos que entra el primero!

—¡Quiero seguir jugando! —grita Pepito, exaltado por aquella racha de buena suerte —¿A qué número debo apostar ahora?

—Pues... ¿cuántos centímetros de longitud tiene tu...? —Y le susurra al oído el nombre de una cosa.

Pepito enrojece un poco, piensa un momento y dice decidido:

—¡Quince!

—Pues vaya por el quince —le dice su primo Juan mirándole de reojo un tanto incrédulo.

Y... ¡que gana el ocho!

Pepito, lleno de coraje por el fracaso, se propina una sonora bofetada, a la vez que exclama:

—¡Me la merezco! ¡Por mentiroso!

320.—UN GATO BUENO

—Estoy muy enojado contigo, Pepito. Me has estafado. Cuando me vendiste el gato que la semana pasada me trajiste a casa, me aseguraste que era muy bueno para las ratas.

—¿Acaso no lo es, señorita Adela?

—¡No agarra ni una!

—¿Lo ve? Ya le dije que era muy bueno con ellas. El pobre animalito es incapaz de hacerles ningún daño.

321.—PENSAMIENTO ADIVINADO

De parte de su mamá, Pepito va a ver a la señora Zuleima, una estupendísima viudita desconsolada, para devolverle un libro que le había prestado. Y allí en el saloncito la encuentra haciendo solitarios con un juego de cartas.

—Por lo que veo, le gusta a usted mucho la cartomancia le dice, contemplando sus formas... de irlas distribuyendo con gran soltura sobre la mesa.

—¡Oh, sí, Pepito! —exclama la joven y pesarosa viuda—. Y has de saber que sé también las cartas y adivinar el pensamiento. Ahora mismo, viéndote a ti, sé lo que estás pensando en este momento.

—Pues... si es cierto que usted sabe lo que yo pienso... le ruego que me disculpe, señora.

322.—EXPLORACION DIGITAL

A la salida del colegio, varias amiguitas de Pepito comentan que una compañera, llamada Beatriz, se encuentra en cama muy enfermita la pobre.
—¿Y qué tiene? —pregunta Pepito acercándose a ellas.
—Ha tenido una hemorragia —dice una.
—De una hemorragia está enferma Beatriz, por meterse el dedo en la nariz —añade otra de las muchachitas que presume de poetisa.
Y Pepito, por no ser menos, les aconseja también en verso:
—Pues para que este caso no se multiplique, nunca se metan el dedo, niñas, aunque les pique.

323.—DOLOR DE CABEZA

Pepito va con su papá por la calle, cuando se encuentran con doña Remedios, la dueña del estanquillo, quien al ver al buen señor muy triste y con cara avinagrada, le pregunta:
—¿Pues qué le pasa, estimado vecino? Lo noto muy decaído y achicopalado.
—Tengo un dolor de cabeza terrible —le responde.
—¡Claro está! —interviene Pepito—. La mamá tuvo muy buena puntería al tirarte la plancha.

324.—PORTAMONEDAS

—Ahí tienes en el cazo el litro de leche que te mandó a buscar tu mamá, Pepito. Ahora págame los dos pesos que cuesta.
—Los dos pesos los puse dentro del cazo, señora.

325.—¡SI NO SABE NO SOPLE!

Por ser día de exámenes, el señor inspector de primera enseñanza se presenta en la escuela con objeto de comprobar cómo van los estudios de los niños. Y para que éstos no se azoren ni se pongan nerviosos teniéndolo enfrente de ellos junto a la profesora, se sienta en uno de los pupitres como si fuera otro alumno, precisamente detrás del de Pepito.

La señorita va formulando preguntas a los discípulos, a las que todos contestan correctamente, con gran satisfacción del señor inspector, y al llegar el turno a Pepito le pregunta:

—¿Qué le dijo Cristóbal Colón a la reina Isabel la Católica al despedirse de ésta antes de emprender su viaje a las Indias?

El niño se queda pensativo cuando, habiéndosele caído a la profesora el lápiz que tenía en la mano y se agacha de espaldas a la clase para recogerlo, oye detrás de él al inspector que dice en voz baja: "¡Qué nalgas tan estupendas tiene!".

—¡Qué nalgas tan estupendas tiene! —contesta Pepito, repitiendo lo dicho por el inspector y creyendo que, deseando ayudarle en la respuesta, ésa era la correcta contestación a la pregunta formulada por la profesora.

—¡Grosero! ¡Sinvergüenza! ¿Qué expresión es ésa? ¡Quedas despedido de la clase! —le grita la señorita, más roja que una amapola.

Entonces Pepito se voltea muy serio hacia el inspector y le dice indignadísimo:

—¡Usted me ha engañado! ¡Si no lo sabe, lo menos que puede hacer es no soplar!

326.—GRAN INCONVENIENTE

Gilberto ve a Pepito con gesto apesadumbrado y le pregunta:

—¿Qué te sucede, amigo, que estás tan triste?
—Acabo de comprar un método para hacer el amor, que no me sirve para nada. ¡Lástima de dinero!
—¿Pues cómo fue eso?
Figúrate que en el primer capítulo del libro dice: "Para declararle el amor a una muchacha, el galán debe tomarle la mano con mucha dulzura y decirle con el mayor sentimiento: "¡Oh, Elena de mi corazón! ¡Te amo con locura!"
—Bien. ¿Y qué inconveniente hay en eso?
—Es que la niña que a mí me gusta y a la que quiero declararme no se llama Elena, sino Lucrecia.

327.— ¡Y LUEGO DIRAN DE MONTERREY!

—Desmintiendo la fama de codos que tienen los de Monterrey, yo sé que en esa ciudad le dan a uno comida, hotel, vestido y hasta dinero sin tener que pagarles nada, a las personas que van allá —le cuenta Pepito a Lorenzo.
—¿Acaso has estado tú en Monterrey? —le pregunta éste.
—Yo, no. Pero estuvo mi hermana.

328.—¡DIOS ME LIBRE!

Al pasar por la calle, Pepito se cruza con una estupenda muchacha vestida de enfermera, y no pudiendo contener el ardor de su sangre joven a la vista de tan escultural mujer, le dice:
—¡Cuánto me gustaría ser víctima de un accidente, para poder ser atendido y cuidado por sus manos acariciadoras!
—Pues la verdad es que tendría que ser accidente muy raro, jovencito. Yo soy profesora en partos —le responde.

329.—¡AHORA SI QUE ESTAMOS FRESCOS!

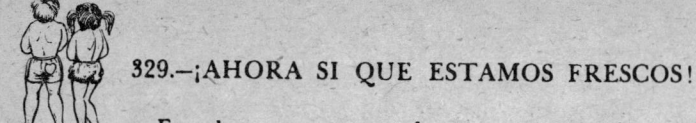

En el campo y en pleno verano, Pepito y su amiga Lucrecia andan de excursión bajo un sol de fuego y deciden descansar un rato en un umbroso bosquecillo que se halla junto al camino, para refrescarse un poco y secarse el sudor que empapa sus cuerpos.

Ambos se quitan sus ropas, quedándose solamente con las prendas más íntimas para no ofender la moral, pero ya tumbados sobre la fresca hierba, la muchacha se acerca a él invitándole a revolcarse en ella para mitigar el ardor que sienten. El caso es que media hora más tarde, al salir del bosquecillo para proseguir el camino, Pepito le dice a su amiguita:

—¡Ahora sí que estamos frescos, Lucrecia!

330.—UN RELOJ BARATISIMO

La hora de entrada al colegio son las ocho y media, pero Pepito siempre llega diez o quince minutos más tarde, con gran desesperación del profesor que ya ha agotado su repertorio de palabras persuasivas y está dispuesto a aplicarle un merecido castigo.

—Hoy son las nueve menos diez, Pepito, cuando haces tu entrada a la clase —le dice el profesor furioso, poniéndole su reloj ante sus narices—. ¿Lo ves? ¿Te das cuenta? ¡Fíjate bien! ¡Ocho cincuenta!

Pepito, más fresco que una lechuga, contempla fijamente el reloj y le dice:

—¡Ocho cincuenta! ¿Dónde lo compró tan barato, profesor?

331.—REGION DIAMANTIFERA

—¿En qué lugar se encuentra la más grande cantidad de diamantes? —le pregunta el profesor a Pepito.

—En el Monte de Piedad —contesta el chico rápidamente.

332.—¡BUENA PUNTERIA!

Los papás de René están ausentes de México y éste invita a su amigo Pepito a comer en su casa. Mientras esperan la hora del almuerzo, René le va enseñando algunos lugares de la mansión, comenzando por la magnífica biblioteca de su padre, donde figuran libros valiosísimos.

—¡Buena biblioteca! ¡Buena biblioteca! —exclama Pepito, admirando aquel templo del saber.

Luego lo lleva a ver el vasto jardín, con sus cantarinas fuentes y fragantes flores, que causan la admiración del visitante.

—¡Buen jardín! ¡Buen jardín! —comenta extasiado.

Y así van recorriendo la casa, verdadero palacete, deteniéndose ante valiosos cuadros, esculturas y otras mil obras de arte, y para todo tiene Pepito su admiración y visto bueno.

Ya sentados a la mesa, una lindísima cocinera les atiende, sirviéndoles los platos de comida.

—¿Qué te parece esta sopa de espárragos? —pregunta René.

—¡Buena sopa! ¡Buena sopa! —responde éste saboreándola, aunque sin quitarle la vista a la estupenda muchacha.

—¿Y qué tal estos pulpos a la veracruzana?

—¡Buenos pulpos! ¡Buenos pulpos!

—¿Y qué me dices de este pollo a la Marengo?

—¡Buen pollo! ¡Buen pollo!

Para Pepito todo está bueno, pero lo que más bueno le parece es la pizpireta cocinera que les sirve los platillos. Y aprovechando un momento en que ésta se va a la cocina a buscar el postre, le pregunta a René guiñándole un ojo:

—¿Y qué me dices tú de esa delicia de cocinerita que tienes? Seguramente que en más de una ocasión habrás estado a solas con ella y...

—¡Te juro que jamás le he tocado ni un pelo! —exclama René muy digno.

—¿Que no le has tocado ni un pelo? ¡Buena puntería! ¡Buena puntería!

333.—TAXI GRATUITO

—He descubierto un modo de viajar en taxi sin tener que pagar un solo centavo —le dice Pepito a Gilberto.

—¿Cómo es eso, amigo? Dime el secreto.

—Tomas el taxi y cuando llegas al lugar de tu destino, te apeas y le dices al conductor por la ventanilla: "¿Quiere darme un cerillo, señor? Acaba de caerme dentro del auto un billete de cien pesos y no lo encuentro". ¡Y no falla! Cuando el chófer oye esto, verás que aprieta el acelerador y huye como alma que lleva el diablo.

334.—HIJO POSTIZO

Pepito se ha enterado de que su novia Marisol ha sido operada del apéndice y va a visitarla al Sanatorio donde está encamada, encontrándose ante la puerta del cuarto a una señora a quien confunde con la doctora jefa de sala.

—Desearía ver a la señorita Marisol.

—Ahora no se puede entrar, ya que sólo los familiares están autorizados para visitarla —contesta la señora.

—El caso es que yo soy... su hermano.

—¿Hermano de Marisol? Entonces, niño, es imperdonable que no te haya conocido. Yo soy su mamá.

335.—PESO SEGURO

—¿A que no sabes, Pepito, cuánto pesaba la trucha que pesqué ayer en Tequesquitengo?
—La mitad.

336.—MEJOR EN EL SEGUNDO VIAJE

En el sermón, el padre cura explica a los fieles los grandes deleites del cielo, comparándolos con las terribles penas del infierno. Y al terminar dice a los presentes:
—Ahora todos los que quieran ir al cielo, que se acerquen a mí.
Todos los feligreses avanzan junto al sacerdote... menos Pepito —¡él tenía que ser!—, que permanece sentado en el banco.
—¿Cómo es que tú, un niño tan bueno como eres, no quieras ir al cielo? —le pregunta extrañado el padre cura.
—¡Claro que quiero ir al cielo, padrecito! —exclama nuestro amiguito—. Pero prefiero esperar el próximo viaje. Con todas las personas que están junto a usted, el autobús irá muy lleno.

337.—EXAMENES BRILLANTISIMOS

Pepito entra a su casa alegre y contento, tarareando el himno nacional. Su papá exclama al verle tan eufórico:
—¡Por lo que veo, has salido bien en los exámenes de fin de curso!
—¡Mis exámenes resultaron brillantísimos! Los profesores estaban tan entusiasmados, que quieren que repita el año.

338.—CAMBIO DE DOMICILIO

—¿Ya no vive junto a vuestra casa tu prima Mercedes? —le pregunta Lorenzo a Pepito

—Hace ya un mes que se mudó de domicilio —contesta el muchacho—. Tú bien sabes que ella era muy beata, ¿no? Pues se marchó de la casa apenas se dio cuenta de que la calle era de doble sentido.

339.—SOLO OYO UN PEDAZO

Pepito va a visitar a la señorita Tecla, su vecina, joven muy fina y gran aficionada al piano y al canto.

La criada, que ya conoce al visitante, le invita a que pase a la sala donde está la señorita tocando una bella sonata. Pepito se detiene en la puerta sin atreverse a decirle nada para no interrumpirla en su ejecución, cuando de pronto ve que la joven inclina su cuerpo hacia un lado, dejando escapar cierto ruido inconfundible. Nuestro amiguito tose discretamente, como anunciando su presencia, y la virtuosa Tecla se voltea, poniéndose al verle, más roja que una sandía.

—¡Ah! ¿Eres tú, Pepito? ¿Has oído la sonata que estaba tocando? —le pregunta, tratando de disimular.

—Toda, no —contesta el muchacho—. Sólo he oído un "pedazo".

340.—¡POBRE HORMIGUITA!

—¿Sabes, mamá? —dice lloroso Pepito—. Mi hermanita Lupita está aplastando a las pobres hormiguitas del jardín y...

—¡Qué buen corazón tienes, hijo mío!

—...y a mí no me deja aplastar ninguna.

341.—FUERA PREOCUPACIONES

Estando en la escuela, Pepito le pregunta a la profesora:

—¿Una niña de diez años puede comprar niños, señorita?

—A esa edad no se puede ser mamá —le contesta.

—¿Lo ves? ¡Te lo dije! —dice Pepito dirigiéndose a Cuquita, quien está sentada junto a él—. Ahora ya puedes estar tranquila y no preocuparte.

342.—EQUIVOCACION LAMENTABLE

Como se acerca el santo de su novia Merceditas, Pepito se dispone a regalarle unos guantes y, a tal efecto, entra en un establecimiento de artículos para damas y damitas, comprando unos preciosos guantes de cabritilla, encontrándose en el mismo departamento a una joven que acaba de adquirir un par de pantaletas.

Por un descuido de la dependiente que envuelve la mercancía, le entrega a Pepito el paquete donde van las pantaletas, en vez del de los guantes que acaba de comprar para Merceditas, y nuestro amiguito se lo envía a ésta por mediación de la criada, adjuntándole la siguiente carta:

"Adorada noviecita de mi corazón: En el paquetito que te envío encontrarás unos modestos regalos que gustoso te ofrezco en este día de tu santo, para reponer los que te rompí la otra tarde en el cine. Quisiera estar contigo cuando los recibas, para ver lo contenta que te pones al contemplarlos y te los ajustas. ¡Oh, cuánto diera yo porque mis manos fueran las únicas que los tocaran! Bien seguro estoy de que algunos de tus amiguitos tendrían gran satisfacción en vértelos y tocártelos. Cuando mañana vaya a verte quiero que ya los lleves puestos y comprobar cómo te quedan. Sobre todo no permitas que ningún muchacho te los toque con las manos sucias, pues podría manchártelos, aunque, no obstante, se pueden lavar con gasolina. Son de la mejor clase que encontré y la dependienta me aseguró que había estado usando unos iguales durante tres años, sin haber tenido que lavarlos más de una vez cada mes. No te los perfumo, porque de ello te encargarás tú misma. Siempre sóplalos antes de ponértelos. Te ama. Pepito".

343.—MEJOR COMPRA UNA BUFANDA

Pepito platica con su amigo Vicente:
—¿Te acuerdas de la señora Matilde? —le pregunta el primero al segundo.
—Ya lo creo. Es esa amiga de tu mamá que enviudó apenas hace un año y que su esposo, que era perito agrónomo, murió de una peritonitis.
—Pues bien; el mes próximo se casa con un profesor de matemáticas, !y quiera Dios que éste no muera de un cálculo!, y ayer por la tarde la vi salir de unos almacenes llevando un paquete en la mano.
—¿Y qué? Seguramente fue a comprarse ropa íntima para estrenarla en la noche de su boda —dice Vicente, que es muy pícaro, guiñándole el ojo a su amigo.
—Pues verás que me atreví a preguntarle qué había comprado y me dijo que una bufanda.
—¿Una bufanda? ¿Y en pleno verano como estamos? ¡Bah! Lo que seguramente compró fue un salto de cama... unas pantaletas bordadas... una camisa de seda...
—Nada de eso. Lo mismo pensé yo al decirle que no creía en eso de la bufanda, sino que lo que llevaba en el paquete era con toda seguridad alguna camiseta

coquetona, de esas que llegan a la altura del ombligo, se puso muy seria y me contestó con la mayor firmeza:

—No te engaño, Pepito. Cierto es que la primera vez que me casé me compré una de esas camisas que tú dices, pero como en la primera noche de mi boda, y sin estar acatarrada, la tuve que llevar envuelta alrededor del cuello, he decidido en esta ocasión comprarme una bufanda.

344.—¿ERA GUAPO?

Pepito acompaña a su prima Leonor al edificio de la Latino Americana y son los últimos en entrar al elevador, que va lleno como un huevo. Ni las sardinas en lata van tan apretadas.

Al llegar al décimo piso, que es donde tienen que descender Pepito y su prima, ésta le pregunta:

—¿Te fijaste quién era la persona que estaba precisamente detrás de mí?

—Era un joven —responde el chico.

—Sí, bueno; de que era joven ya lo noté; ¿pero era guapo?

345.—CASA SIN JARDIN

En la clase de religión, la profesora dice a sus discípulos:

—Así, pues, como les dije, Dios está en todas partes.

Pepito (¡él tenía que ser!) interrumpe:

—Y si yo voy por la calle, ¿allí también está Dios?

—Claro que ahí está.

—¿Y en mi casa también está Dios, señorita?

—Naturalmente. El está en todas partes.

—¿Y en el jardín de mi tía Elvira?

—También, también.

—Pues sepa, profesora, que allí no puede estar Dios, porque la casa de mi tía no tiene jardín.

346.—ELLA TUVO LA CULPA

—¡Eres un endemoniado, Pepito! —le grita su mamá iracunda—. ¿Por qué le has dado a Rufina una patada en el vientre?

—La culpa fue de ella, mamacita, porque se volteó al mismo tiempo.

347.—RESPETO A LA AUTORIDAD

Pepito siente perentorias ganas de evacuar una necesidad fisiológica líquida y en un callejón poco transitado se acerca a una pared para evacuar, cuando inopinadamente se le acerca un policía.

—¿Eso te enseñan en la escuela? El día que vuelva yo a encontrarte haciendo eso en la calle, te la corto —le dice el representante de la autoridad, celoso vigilante de la moral pública.

Pepito sale de estampida y al doblar la esquina ve a una niña agachada junto a un árbol, con la faldita recogida, pues... haciendo lo mismo que él acababa de hacer momentos antes. La contempla fijamente y exclama muy asustado:

—¡Por lo que veo, tú no le hiciste caso al policía cuando te advirtió la primera vez!

348.—DESCUENTO JUSTIFICADO

—Mira si es tonta nuestra criada Rufina, que hoy regresó a la casa diciendo que cuando recogió a mi hermanita Lupita en el colegio, al venir hacia aquí se le perdió en el camino.

—¡Qué terrible es eso, Pepito! ¿Y qué le han dicho tus papás?

—Que se la descontarán del sueldo al final del mes.

349.—¡MEJOR CON UN VIUDO!

—¿Por qué no te casas, primita Leonor?
—¡Ay! Los jóvenes de hoy son unos irresponsables, Pepito. Yo sólo me casaré con un hombre que haya sufrido mucho en su vida.
—Entonces lo que tú quieres es casarte con un viudo.

350.—¡ADIOS, BICICLETA!

El papá de Pepito le advierte a su hijo:
—Hoy vendrá a comer con nosotros la tía Elvira, que bien sabes lo delicada que es en todo y cualquier palabra o expresión dicha con doble sentido, la sacan de quicio. Tampoco ignoras que, además de vivir sola, es muy rara y que cuando Dios la llame a su santo seno, toda su plata será para ti, que eres su sobrino predilecto, porque cree que eres un santo. ¡Ay!, si supiera lo demonio que eres!... En fin; estando en la mesa debes portarte con la mayor corrección, procurando ser comedido en tus actos y palabras, y no se te ocurra decir nada que ofenda a la moral y a las buenas costumbres.

—Procuraré ser bueno, papá —contesta el muchacho.

—Si así lo haces, mañana te compraré la bicicleta que tantas veces me has pedido, en premio a tu buen comportamiento.

Y desde la llegada de la tía Elvira a la casa, Pepito no cesa de cumplimentarla y agasajarla, besándola continuamente, diciéndole que la adora con toda su alma, y contestando con la mayor corrección a sus preguntas.

Los papás de Pepito están contentísimos ante el inusitado comportamiento del muchacho y, ya sentados a la mesa, la comida transcurre en medio de un ambiente de paz y de felicidad para todos.

Pero, ya a punto de comer el postre, Pepito ve revolotear dos moscas, que caen pegadas en el plato de la tía.

—¡Mira, tía Elvira! ¡Esas dos moscas acaban de casarse y están encargando más mosquitas! —exclama, sin poder contenerse.

Tía Elvira da un grito de sorpresa y se pone coloradísima al oír la expresión de su sobrino, santiguándose repetidamente. Y el padre... ¡bueno!, el padre lanza una furibunda mirada a su hijo, rechinando los dientes de indignación y coraje.

Pepito comprende al punto que ha metido la pata hasta la ingle y con voz compungida de arrepentimiento dice lloroso:

—Sí, ya lo sé, papá... La bicicleta... ¡a la guayaba!

351.—BLANCO Y NEGRO

—¿Por qué mi amigo Vicente es blanco como todos nosotros y su hermanito Pablito es negro, mamacita?

—Pues... verás, Pepito, que cuando la mamá de Vicente encargó a Pablito a París, en cierta ocasión en la que la buena señora estaba sola en la casa, sin otra compañía que la de Domingo, el mayordomo negro que tenían, éste quiso robarle un collar de perlas que llevaba y se echó sobre ella tratando de quitárselo. La señora se zafó de sus brazos y corrió por toda la casa, huyendo de aquel malvado que quería agarrarla, pero ella se defendía golpeándole cuando la cogía de su falda o de su blusa, que quedaron desgarradas por los zarpazos del infame mayordomo, y como loca huía... corría... se metía debajo de la

mesa... saltaba sobre la mesa... se metía debajo de la cama... saltaba sobre la cama...
—¡Y allí seguramente la cogió! —añade Pepito.

352.—EL ESTUDIOSO PEPITO

—¡Ya era hora de que dejaras tranquila la pelota y te dedicaras a leer, Pepito! ¿Qué libro estás estudiando?
—El reglamento de fútbol, papá.

353.—"BUENOS DESEOS"

Pepito va a visitar a su amigo Gilberto, quien desde hace una semana se encuentra en la cama atacado de un fuerte dolor de estómago.
—¿Cómo te sientes, Gilberto? —le pregunta.
—Pues en verdad que tengo unos terribles dolores de vez en cuando, pero gracias a esto no puedo ir al colegio y estoy muy contento —le responde el paciente.
—Entonces... te deseo de todo corazón que sigas mal.

354.—MILLONARIO

—¡Hay que ver lo que son estos españoles! —comentaba el papá de Pepito en la casa—. Ahí tenemos, por ejemplo, al señor Venancio, el abarrotero, que llegó a México hace treinta años con sólo lo puesto y unas alpargatas rotas, y ahora tiene cinco millones.
—¿Y qué hace ahora el bueno de don Venancio con cinco millones de alpargatas rotas? —pregunta Pepito extrañado.

355.—QUE NO SALGA AL BALCON

Doña Ursula, vecina de Pepito, se encuentra con éste en el zaguán de la casa y como la buena señora está enojadísima y parece pelearse con su sombra, se atreve a preguntarle:

—¿Pues qué le pasa a usted que anda tan furiosa?
—Voy a quejarme a la policía de que el señor Homóbono, ese viejo que vive en el piso de al lado, no para de cantar en todo el día: "Sal al balcón, Matilde... Sal al balcón, Matilde..."
—¿Acaso se llama usted Matilde?
—No.
—Pues entonces no salga.

356.—¿QUIEN ESCRIBIO EL QUIJOTE?

Este caso sucedió a uno de los profesores de Pepito, quien se murió de berrinche.

Verán ustedes que, estando cierto día en al clase, le preguntó a nuestro amiguito:

—¿Quién escribió "Don Quijote de la Mancha", Pepito?
—Yo no fui, señor profesor, se lo juro —contestó el niño.

Indignadísimo, el maestro telefoneó al papá del muchacho.

—He preguntado a su hijo quién había escrito Don Quijote de la Mancha y me ha contestado que él no fue... ¡Qué vergüenza!

—Mire, señor —le dijo el padre solemnemente—. Mi hijo no es capaz de mentir. Si él contestó que no, puede usted estar seguro de que él no fue quien lo escribió.

Horrorizado el maestro ante esta incultura, visitó

a un amigo, también profesor, contándole el caso. A lo que el amigo le preguntó:

—¿Y era verdad o mentira?

Ya fuera de sí, visitó al inspector general de enseñanza, poniéndole al corriente de lo ocurrido, y el buen señor intentó tranquilizarle.

—Si en verdad el niño no lo ha escrito, no veo por qué le da usted tanta importancia.

El maestro, ya enloquecido, logra ser recibido por el señor secretario de Educación y le cuenta lo ocurrido, ya con cierta agresividad. El secretario le dice sonriente:

—Lo importante es ir al grano. Averigüe usted quién lo ha escrito y le aseguro que lo castigaremos como merece.

Y el maestro cayó muerto de repente.

357.—BUENA CAJA DE CAUDALES

—¿Qué te pasa, papá, que estás tan enojado?

—¿Qué quieres que me pase, Pepito? ¡Lo de siempre! ¡Que tu madre me registra los bolsillos, me revuelve los cajones de la mesa de mi despacho, husmea por los lugares más recónditos de la casa y no para hasta encontrar el lugar donde yo guardo mi dinero! ¡Ya no sé dónde meterlo!

—El remedio es muy sencillo, papacito. Prueba a esconderlo en su cesto de labor y ya verás que seguro lo tienes.

358.—DOCTOR INSIGNE

Pepito entra a una farmacia y se dirige al dueño de la misma, un venerable señor que lo recibe con una dulce sonrisa.

—¿Tengo el gusto de hablar con el insigne doctor,

señor don Segismundo de la Ruda Manzanilla y Bacín, ilustre miembro de la Sociedad de Neurología, presidente del Congreso Psicotécnico y autor del famoso libro "Terapéutica intestinal y gastropática", laureado en el último simposio de cefalografía celebrado en París?

—Con él habla, joven. ¿Qué desea?
—Por favor, deme una cafiaspirina.

359.—DESGRACIA FAMILIAR

—¡Qué desgracia la de mi buena hermana Dorita! —le dice Pepito a su amigo Vicente—. Mis papás están desconsoladísimos y ella, la pobre, cada día está más triste.
—¿Pues qué es lo que pasa?
—¡Casi nada! ¡Su marido le ha salido cornudo!

360.—¡QUE SE LO META... DONDE LE QUEPA!

Le contaba Pepito a su amigo René:
—El domingo pasado fui a comer con mis papás a un restaurante que tenía fama de presentar los mejores platillos y nos sirvieron una paella valenciana que era una verdadera porquería. Además de salada, el arroz estaba crudo; en fin, que aquello era una bazofia. Y entonces mi papá, indignado, llamó al mesero y le dijo: "¡Dígale usted al cocinero que se puede meter esta paella en... donde le quepa!". A lo que el mesero contestó atentamente: "Por favor, señor, tendrá que esperar unos momentos, porque ahora se está metiendo en... ese lugar, una cazuela de macarrones".

361.—¡A BAILAR TODO EL MUNDO!

Don Crisanto, tío carnal de Pepito, era además un señor de lo más alegre y humorista que puedan imaginarse. Pero como a todo el mundo, sea humorista o vendedor de tacos, le llega la hora de entregar el equipo, don Crisanto, viéndose en las últimas, mandó llamar a todos los familiares para despedirse de ellos.

Pero cuando llegaron a la casa y rodearon el lecho del moribundo, vieron que el pobre hombre se ahogaba en los estertores de la agonía.

Tratando de alargarle un poco la vida que se le escapaba a chorros, la enfermera que lo cuidaba le llevó un balón de oxígeno y al ponérselo en la boca, el pobre hombre reaccionó un poco y, despertando en él su eterno humorismo, se dirigió a los presentes diciéndoles:

—¡Andenle! ¡Andenle! ¡A bailar todo el mundo! ¡Que me han traído la gaita!

Un hombre como don Crisanto, que siempre estaba alegre y contaba tantos chistes, no podía morirse sin chistar.

362.—MEJOR LO DEJAS

Como la mamá de Pepito se encuentra en cama con una terrible gripe, Nicolasa, la nueva cocinera (quien por cierto acaba de entrar a la casa con un niño de cinco meses), se encarga de prepararle el desayuno. Al servirle en primer lugar un tazón de café con leche, Pepito, notando que le ha puesto mucho café, le ruega:

—Oye, Nicolasa; por favor ponme un poco más de leche.

La cocinera, atenta y servicial, se desabrocha al punto la blusa, saca una de sus chiches y, oprimiéndola, le echa un chorro de alimento lácteo en la taza.

Extasiado ante la vista del magnífico "depósito", Pepito no dice nada; pero cuando la mujer le sirve un filete, le advierte:

—Mira, Nicolasa; me gustaría comer esta carne con un poco de mostaza, pero te advierto que si la mostaza has de proporcionármela de la misma procedencia humana, mejor lo dejas.

363.—GINECOLOGIA

Queriendo vacilar a Pepito, le pregunta a éste una solterona, vecina suya:
—¿A que no sabes qué es un ginecólogo?
—¡Cómo no! Ginecólogo es un hombre que trabaja donde los otros se divierten —contesta Pepito.

364.—¡ARRIBA TAMAULIPAS!

—¿Quién era aquella jovencita tan chaparra con la que te vi ayer del brazo por la calle? —le pregunta Pepito a Lorenzo.
—Mi novia. Es de Tampico.
—Ya me lo figuré al verla "tan piqueña".

365.—CORRIDA CALLEJERA

Pepito y Lorenzo iban por la calle platicando tranquilamente, cuando de pronto hizo acto de presencia un becerro desmandado que creyéndose estar ya en la plaza de toros arremetió contra ellos; arrollando al pobre Lorenzo, mientras Pepito corría a ponerse a salvo subiéndose a una farola.
El muchacho trataba de esquivar los topetazos del animal, gritando a voz en cuello:
—¡Qítamelo, tarugo! ¡Quítamelo, baboso!
Pero Pepito, bien aferrado a la farola y no sintiéndose un "Cagancho" para acudir al quite en defensa de su amigo, no se atrevía a intervenir, hasta que varios hombres acudieron a salvar a Lorenzo,

derribando al becerro y salvándole de una terrible paliza.

Ya repuesto del susto, Lorenzo se encaró con Pepito, quien estaba todavía tembloroso, echándole en cara su cobardía.

—¡Siempre vas presumiendo de valiente y ahora acabas de decepcionarme! ¿Por qué no acudiste en mi auxilio, quitándome al becerro de encima?

—Aclaremos las cosas, amiguito —contesta Pepito—. Cierto es que oí cómo gritabas, pero yo supuse que le hablabas al animal diciéndole que te quitara lo tarugo y lo baboso que eres.

366.—MADERA COMESTIBLE

—¿La madera es comestible, mamá?
—¡Qué tonterías dices, Pepito! La madera no se come.
—Pues lo digo porque ayer vi salir a papá del cuarto de la criada diciendo: "¡Caray, qué palo tan sabroso!"

367.—HABERLO DICHO ANTES

Lupita, la hermanita de Pepito, le dice a éste:
—¿Sabes, Pepito, que a mí me hubiera gustado mejor ser niño?

Nuestro amiguito se encoge de hombros y responde displicente:
—¡A buena hora! Eso debieras haberlo dicho antes de que te bautizaran.

368.—UNO TELEFONICO

Doña Ursula, quien ha estado de visita toda la tarde en la casa de Pepito, telefonea desde su domicilio y le pregunta a éste, que es quien toma la bocina:

—¿Quieres hacerme el favor, nenito, de ver si dejé ahí olvidado mi paraguas?

—Un momentito, señora; voy a verlo —responde Pepito. Y unos momentos después toma de nuevo la bocina y le dice: —¿Es éste que tengo en la mano, doña Ursula?

369.—VIDA MUNDANA

—Andale, Pepito, ponte el traje oscuro y tu corbata negra, que hemos de asistir a los funerales de don Nicanor, quien fue esposo de mi buena amiga Carmela.

—¡Cómo eres, mamá! Anteayer fuimos al teatro, ayer al cine. Hoy a los funerales... ¡Tú no piensas más que en diversiones!

370.—UNA GRAN VERDAD

—¿Sabes que el hijo del señor Gutiérrez está pensando en casarse? —decíale la mamá de Pepito a su esposo.

Nuestro amiguito interviene de pronto y sentencia:

—Un hombre que piensa, no se casa nunca, mamacita.

370 Bis.—PRECAUCION CONTRA LA LLUVIA

La señora Pilas, amiga de la casa, tiene cada año un hijo que con el que acaba de llegar, suman trece.

—¿Por qué compra usted tantos niños, señora? —le pregunta Pepito al verla tan preocupada por la llegada del nuevo vástago.

—¡Ay, Pepito! ¿Y qué quieres que haga? El señor cura dice que los hijos son una lluvia del cielo —contesta la mujer.

—Bueno, sí, una lluvia del cielo; pero precisamente por tratarse de una lluvia, lo que tendría que hacer usted es usar "impermeable".

371.— LA COSA FUE RAPIDA

Al ver entrar en la casa a Pepito, con el pantalón mojado y lleno de barro, su mamá le pregunta:
—¿Qué te ha sucedido, hijo mío? ¿Dónde te has metido?
—Es que resbalé en la calle y me caí en un charco, mamacita.
—¡Mira cómo te has puesto el pantalón nuevo!
—No tuve tiempo de quitármelo, mamá.

372.—¡CARAY CON EL PERRITO!

—¿Come mucho tu perrito? —le pregunta a Pepito una vecina.
—No mucho, señora. Desde que esta mañana mordió al cartero, el pobrecito no ha vuelto a probar bocado.

373.— PRECAUCION

—¡Ten cuidado, Pepito! ¡No toques esa silla, que está recién pintada! —le advierte su mamá.
—No te preocupes, mamacita. ¿Cómo me voy a manchar si llevo los guantes puestos?

374.— REMEDIO EQUIVOCADO

Pepito está en cama, víctima de un terrible empacho. Su mamá entra a su recámara y le entrega un supositorio, diciéndole que con eso se aliviará bien pronto.

El niño, ignorante de que aquella barrita, que

tal parecía un pirulí de coco, debía tragársela como si fuera una pastilla, ignorando el uso a que estaba destinada, se la zampó tranquilamente.

Al poco rato regresó la buena señora, preguntándole si ya había usado el supositorio.

—Me lo tragué de un tirón, sin tener que tomar nada de agua. Y por cierto que no tenía muy buen sabor. ¡Creí que era de coco!

Al oír esto, la mamá se llevó las manos a la cabeza.

—¿Qué has hecho, tonto? ¡Eso no era para metértelo en la boca!

—¿Pues qué querías? ¿Que me lo metiera en el c...?

375.—EL TEMA SEXUAL

Pepito acaba de cumplir los trece años y su papá, con el deseo de que comience a saber el misterio de la vida, lo llama aparte y le dice solemnemente:

—Bien, hijo mío, creo que ha llegado la hora en que tú y yo platiquemos sobre el tema sexual.

—Encantado de ello, papá —contesta el chico con la mayor serenidad—. Dime, ¿qué quieres saber?

376.—PEPITO NO ES TONTO

Sin querer hacerlo, Pepito acaba de derramar su tazón de chocolate sobre el mantel de la mesa y su mamá le dice enojada:

—¿Acaso eres tonto o qué?
—Soy qué.

377.—CADA COSA EN SU HORA

Sentado a la sombra de un aguacate y leyendo un libro de Salgari, Pepito ve llegar a una hermosa joven que anda paseando por aquellos lugares y, acercándose a él, le dice:

—Por lo que veo, te gusta mucho la lectura, ¿no?
—Sí, señorita; el leer me encanta, ya que leyendo se aprenden muchas cosas —responde Pepito.
—Sabrás entonces lo que es un cetáceo, ¿verdad?
—Es un mamífero pisciforme de gran tamaño, como la ballena, el cachalote y el delfín.
—Muy bien, muchacho. ¿Y qué tal andas de física?
—Pues... regular, señorita.
—Veamos. Si en un caso lleno de agua hasta el borde, le echamos una moneda de peso, ¿qué sucede?
—Que el vaso desplazará el mismo volumen de agua que tiene la moneda.
—¡Increíble! ¿Y si en lugar de echar la moneda echamos un palito?
—¡Ay, señorita! —exclama Pepito, ruborizándose—. Por favor no me diga que haga eso, porque después de comer nunca acostumbro echarlo.

378.—NADA DE MOLESTAR A PAPÁ

—Papá, ¿por qué no me compras un tambor?
—¡Dios me libre, Pepito! Bastante ruido armas en la casa durante todo el día.
—Si me lo compras te prometo que no lo tocaré de día, sino sólo cuando estés durmiendo.

379.—¿A VER SI LO ENCUENTRAN?

En un hotel de Acapulco, donde Pepito se encuentra pasando unos días en compañía de sus padres, éste se siente muy apenado por haber perdido un huarache del par que le habían comprado para andar por la playa. Contrariado se mete en su cuarto pensando en el repapolvo que le darán sus papás cuando, de pronto, oye a través del tabique chasquidos de besos y profundos suspiros, lo cual le hace suponer que en la habitación contigua se encuentra una pareja de recién casados, y aplicando su oreja a la pared, oye lo que sigue:

—"¡Ay, mi amada Hilda! ¡Mi mujercita idolatrada! Yo he hallado en ti un alma candorosa y dulce. En ti he encontrado al ángel de mi dicha, he encontrado mi felicidad, he encontrado el mayor goce de mi vida, he encontrado..."

Pepito no espera más y aporrea la pared, gritando:

—¡Eh, señor! ¡Usted que lo encuentra todo!, ¿no ha encontrado por ahí un huarache?

380.—HOY NO SE FIA

—Préstame, por favor, diez pesos, Pepito.
—Con gusto te los prestaré cuando regrese de Acapulco, René.
—¿De veras, te vas a Acapulco?
—No.

381.—CUIDADO CON LAS MANITAS

—Mi novio asegura que está ciego de amor por mí —le dice Juliana a Pepito.
—Tal vez sea cierto, pero cuídate mucho, Juliana Dicen que a los ciegos se les desarrolla mucho el sentido del tacto.

382.—DIGNIDAD DEPORTIVA

Jugando al fútbol en medio de la calle, Pepito rompe con el balón el cristal del aparador de una tienda y, dándose cuenta del estropicio, sale corriendo que se las pela, aunque no tan de prisa para no ser alcanzado por el dueño del establecimiento, quien lo agarra de un brazo, gritándole:

—¡Tú has sido el que ha roto el cristal, desgraciado!

—Sí, señor; yo lo he roto —confiesa Pepito solemne—. ¿Pero ha visto usted cómo corría a mi casa por el dinero para pagárselo?

383.—FALSO TESTIGO

—¿Quién de ustedes se ha comido el pastelito que había en la mesa? —pregunta a Lupita y Pepito su mamá.

—Ha sido Pepito —dice su hermanita.

—¡No es verdad! —replica éste—. ¡Y digo que no es verdad porque tú no estabas delante cuando me lo comí!

384.—PAPA MALO

—¡Escúchame, Pepito; si no te portas bien, irás a dormir con la criada! —le dice su mamá, indignada por una travesura que el niño acaba de cometer.

—Entonces, mamacita ¿tampoco se porta bien papá?

385.—DE TAL PALO TAL ASTILLA

Pepito lleva toda la cara embarrada de chocolate y su padre le reprende:

—Eres un puerquito, niño. ¿Tú sabes lo que es un puerquito?

—Sí, papá; un puerquito es el hijo pequeño de un puerco.

386.— GRATA CACERIA

Un gato callejero se ha metido en la casa de Pepito y la mamá del niño manda a la criada que lo agarre y lo meta en un costal para llevárselo lejos, abandonándolo a su suerte.

Pepito, sintiéndose gran rastreador de fieras, ayuda a la muchacha a buscarlo por todos los rincones, logrando descubrir sus huellas que conducen hasta el desván de la casa. Y, en efecto, consigue localizar al gato intruso escondido detrás de un viejo armario. Y mientras la criada abre el costal para que Pepito lo meta en él, éste le grita a su madre con voz victoriosa:

—¡Mamá! ¡Ya se lo estoy metiendo!

387.— MALA SUERTE

—¿Por qué estás tan apesadumbrado, Pepito? —le pregunta Gilberto a su amigo, al que ve muy triste.
—El caso es que ayer, en una tómbola que celebraron en el colegio de mi hermana, se rifaron unos hermosos cojines de Damasco y unos jarrones de cerámica que, por cierto, no valían nada.
—¿Y qué pasó?
—Que yo hubiera preferido que en lugar de tocarme los jarrones, me tocaran los cojines.

388.— ¡CORRECTO!

—Dime, Pepito; cuando una persona está hablando sola se dice que está haciendo un monólogo. Pero cuanto platican dos...
—Si platican dos personas, hacen un diálogo.
—Muy bien, muy bien. ¿Y cómo se dice cuando son cuatro personas las que hablan?
Pepito duda un momento y exclama:
—¡Catálogo!

389.—SANTO REMEDIO

Lucrecia, Juliana, Cuquita, Gilberto, René, Vicente y Pepito se reunen a la salida de la escuela. Y Pepito, dándoselas de Tenorio, les dice muy ufano:

—Desde que mis papás están fuera y me he quedado como dueño de la casa, cada noche me acuesto con la criada.

—¡Desvergonzado! ¡Inmoral! ¡Impúdico! —exclaman las niñas escandalizadas.

—¡Alto ahí! Debo advertirles que me acuesto con la criada, porque tengo un poco de miedo de estar solo en mi recámara. No obstante, al meternos en la cama, colocamos entre ambos un cojín largo y así quedamos bien separados el uno del otro.

—Eso está muy bien, Pepito —le dice Vicente—. Pero supongamos que estando los dos en la cama el demonio os tienta y una noche tú o la criada sentís que la sangre os hierve en vuestras venas y de pronto os dan ganas de...

—Entonces quitamos el cojín —responde Pepito muy serio.

390.—¡CLARO QUE SI!

En el descanso de una sesión de cine, Pepito siente ganas de desahogar cierta necesidad fisiológica líquida (¡qué finos somos describiendo!) y se dirige hacia el lugar apropiado para ello. Pero distraído, se mete en el reservado para damas, donde se hallan algunas señoras quienes al verle entrar le gritan:

—¡Chamaco abusado! ¿No sabes leer? ¡No ves que este cuarto es exclusivamente para damas?

Y Pepito, quien por cierto tiene en la mano lo suyo, les contesta arqueando su cuerpo hacia atrás para mejor mostrarlo:

—¡Y para esto también!

391.—GALANTERIA

Después de una magnífica fiesta en la casa de su tía Elvira, a la que han asistido encumbrados personajes y muchos diplomáticos, Pepito observa que, al despedirse, se inclinan reverentemente ante ella, besándole la mano y ofreciéndole sus respetos, tras el cortés y obligado saludo: "A los pies de usted, señora".

A Pepito, quien todo lo observa, le toca también ausentarse e, imitando las caravanas y palabras de los señores, le dice a su tía, estupenda viudita con sólo treinta años y hermosa como un sol:

—A tus pies, tiíta Elvira.

—¡Qué fino y galante es mi sobrino! —exclama ella—. Tal parece un caballero del siglo XVIII.

Pero Pepito se acerca a la tía (¡vaya qué tía!) y le susurra al oído:

—Siempre a tus pies; pero si algún día me lo permites, ya verás cómo me voy subiendo.

392.—¡TENIA QUE SER!

Comentaban los papás de Pepito que el señor Pascual, dueño de la tienda de la esquina, hombre mujeriego, jugador, vago de nacimiento y un perfecto sinvergüenza, viudo desde apenas hacía seis meses, iba por todas partes anunciando su nuevo matrimonio. Y decía el padre:

—Dicen por ahí que apenas cumpla el año de su viudedad, volverá a casarse don Pascual, cosa que me ha sorprendido.

Y Pepito, allí presente, comenta:

—A mí no. ¡Si ese perdido tenía que acabar mal!